W0025641

falter 6

ADAM BITTLESTON

DAS LEBEN MEISTERN

Zur Praxis
des achtgliedrigen Pfads

VERLAG FREIES GEISTESLEBEN

Herausgegeben von Jean-Claude Lin
Aus dem Englischen übersetzt von Susanne Lenz

Die vier Kapitel dieses sechsten «Falters»
erschienen ursprünglich als Aufsätze des Jahrbuchs
The Golden Blade:
1968 «Traffic and Character», *1973* «Speech in the Family» ,
1970 «Age and Destiny: The Eightfold Path in the Present»
1981 «Counselling and Spiritual Development».

Sie wurden 1988 in einem Band mit weiteren Aufsätzen
von Adam Bittleston bei Floris Books in Edinburgh
nachgedruckt unter dem Titel: *Counselling and Spiritual Development and other essays from* The Golden Blade

CIP-Titelaufnahme der Deutschen Bibliothek

Bittleson, Adam:
Das Leben meistern: zur Praxis des achtgliedrigen Pfads /
Adam Bittleston. [Hrsg. von Jean-Claude Lin und aus dem
Englischen übersetzt von Susanne Lenz]. – Stuttgart:
Verlag Freies Geistesleben, 1990
(Falter; 6)
Einheitssacht.: Counselling and spiritual development <dt.>
Teilausg.

ISBN 3-7725-1056-6

NE: GT

Schutzumschlag: Doris Hecht / Walter Schneider
Druck: Offizin Chr. Scheufele, Stuttgart
Bindearbeit: Riethmüller, Stuttgart

Inhalt

Vorwort

Das Einfachste, Selbstverständlichste im Leben ist oft auch das Tiefste und Weitestreichende. Das zeigt Adam Bittleston hier an drei charakteristischen Beispielen der Lebensführung.

Wir sind es gewohnt, auf die selbstverständlichste Art Auto zu fahren. Und doch ist das Autofahren eine hochkomplexe wie wohl auch gefahrvolle Tätigkeit. Das Schicksal des Menschen wird vom Autofahren nachhaltig geprägt – manchmal an den Abgrund geführt. Welche Bedeutung hat der menschliche Charakter im Straßenverkehr?

Wie wir mit Kindern reden, gibt ihrem späteren Leben nachhaltige Prägung. Denn der Grund für den eigenen Umgang mit der Sprache und mit anderen Menschen wird schon in der Kindheit gelegt. Wie reden wir miteinander in der Familie?

Das Altern schließlich ist eine elementare Tatsache des Lebens, mit der ein Mensch in der zweiten Lebenshälfte allmählich zurechtkommen muß. Wie kann aber an Stelle des leiblich bedingten geistig-seelischen Wachsens der ersten Lebenshälfte eine vom Leibe mehr und mehr unabhängige geistige Entwicklung des Menschen gefördert werden?

Das sind exemplarische Fragen der Lebensführung, und von ihrer praktischen Beantwortung hängt das innere Gleichgewicht und die Meisterschaft ab, die ein

Mensch in seinem eigenem Leben erlangen kann. Das Leben meistern aber ist das hohe Ziel des «achtgliedrigen Pfads». Denn wie ein Mensch denkt und Entscheidungen trifft, wie er redet und handelt, wie er sein Leben einrichtet und nach Zielen strebt, wie er vom Leben lernt und sich sammeln kann – das zeigt erst an, inwiefern er zu den Meistern des Lebens gerechnet werden kann.

Adam Bittleston hat allerdings nicht in systematischer oder historischer Absicht über den im Buddhismus gestifteten achtgliedrigen Pfad geschrieben. Aus seiner jahrelangen Beschäftigung mit diesem Weg der geistigen Lebensführung versuchte er nur, in Aufsätzen für das renommierte englische Jahrbuch für Anthroposophie *The Golden Blade* auf die große Tragweite und Tiefe dieses Weges hinzuweisen. Doch gerade seine Behandlung alltäglicher Momente des Lebens, wie des Redens in der Familie, des Autofahrens und des Alterns, läßt erkennen, wie vielseitig die Anwendung des achtgliedrigen Pfads auch heute für den Menschen ist.

Adam Bittleston war zeit seines Lebens ein begehrter Gesprächspartner. Viele Menschen suchten ihn auf, um über ihre Probleme, seien sie biographischer oder geistiger Natur, zu sprechen, denn er hatte eine ungewöhnlich intensive Art, im Zuhören das Wesentliche und Wertvolle kenntlich zu machen. Über das Gespräch in der Lebensberatung handelt das letzte Kapitel dieses Buches. Auch hier zeigt sich die Bedeutung einer erneuten Beachtung des achtgliedrigen Pfads in der Gegenwart.

Jean-Claude Lin

Autofahren und Charakter

Unfälle und ihre Ursachen

Auf der steil ansteigenden, zu beiden Seiten eng mit Bäumen bestandenen Hauptstraße, die auf eine Hochebene im Norden führt, herrscht an diesem Oktobernachmittag mit plötzlichen, heftigen Regenschauern kein reger, dafür aber bunt gemischter Verkehr. Es sind ein paar Einheimische unterwegs, die nur kurze Strecken fahren, ein Schulbus, der eine Gruppe von Kindern nach Hause bringt, ein Reisebus und ein paar Autofahrer, die schon den ganzen Tag über am Steuer gesessen haben, einige Lieferwagen, ein paar schwere Lastzüge sowie ein oder zwei Rad- und Motorradfahrer. Die Steigung hat mehrere scharfe Kurven.

Der Verkehr läuft störungsfrei, doch binnen weniger Sekunden entsteht eine Situation, die zu einem schweren Unfall führt. Seine Folgen werden möglicherweise über viele Jahre hinweg schmerzlich empfunden, und manche der Beteiligten stellen sich rückblickend die bekümmerte Frage: «War ich derjenige, der den Unfall verursacht hat?»

Aus dem geschilderten Beispiel wird ersichtlich, daß an der Entstehung eines Unfalls unzählige Einzelfaktoren beteiligt sind – plötzlich veränderte Sichtverhältnisse, die Beschaffenheit des Straßenbelags, die Kurven, der Zustand der Reifen und Bremsen bei den Fahrzeugen sowie die Erfahrung, das Geschick, der Gesundheitszustand und die Gemütsverfassung von mehr als nur einem Fahrer. Daher mag es überaus schwierig sein, wenn der Unfall wirklich eintritt, die Schuldfrage zu klären oder auch nur die primäre Ursache zu benennen.

In den Unfallstatistiken tauchen verständlicherweise viele der relevanten Begleitumstände nicht auf. Einige von ihnen mögen in dem ausführlichen Protokoll erscheinen, das die Polizei bei Personen- oder Sachschäden erstellt, andere dagegen werden überhaupt nicht erwähnt, ja vielleicht nicht einmal bemerkt. Dennoch haben die Statistiken großen Einfluß auf wichtige Entscheidungen, in denen es etwa um die Änderung eines Straßenverlaufs, die Erneuerung des Straßenbelags an gefährlichen Stellen, die Neukonzeption von Fahrzeugtypen oder den Erlaß neuer Gesetze geht. Und oft wird zu Recht behauptet, daß die Zahl der Unfälle deutlich zurückgegangen sei, weil bestimmte Maßnahmen ergriffen worden sind.

Wir wissen jedoch alle, daß wir diese so wichtige Angelegenheit nicht dem Verkehrsministerium, den Tiefbauingenieuren oder den Automobilherstellern überlassen dürfen. Jeder, der am Straßenverkehr teilnimmt, sei es als Radfahrer, Autofahrer oder auch nur als Fußgänger im frühen Kindesalter, muß sich ein paar Gedanken darüber machen. Meistens denken wir nur so viel darüber nach, wie es im Interesse unserer eigenen Sicherheit geboten scheint; dabei handelt es sich doch um einen Bereich, in dem jeder von uns bedeutsame Erfahrungen gesammelt hat, so daß wir ohne großes Fachwissen die eine oder andere vernünftige Einsicht aus den Statistiken ableiten können. Wäre es nicht sehr hilfreich, wenn sich viel mehr Menschen eine ausgewogene allgemeine Vorstellung davon machten, wie Unfälle entstehen und wie sie verhindert werden können?

Dies ist jedoch, wie wir sogleich feststellen, gar nicht so einfach, wie es sich anhört. Während nämlich die äußeren, aus der jeweiligen Umgebung resultierenden Faktoren für die Sicherheit unserer Straßen weitgehend bekannt sind, so gibt es hinsichtlich der menschlichen Faktoren nur sehr wenige gesicherte Erkenntnisse.

Die persönlichen Voraussetzungen der Autofahrer

Neigen einige Autofahrer mehr dazu, in Unfälle verwickelt zu werden, als andere, wenn man Unterschiede bezüglich des Alters und der Erfahrung einmal unberücksichtigt läßt? Diese Frage ist aus der Sicht des gesunden Menschenverstands offenbar zu bejahen. Die meisten von uns kennen jemanden, bei dem Freunde oder Verwandte nur ungerne mitfahren, weil der oder die Betreffende als Gefahr für sich und andere angesehen wird, ohne daß man dies freilich laut sagt. In der Vergangenheit hat es vor allem unter den Autofahrern selbst viele Diskussionen über das Thema der sogenannten «Unfallaffinität» gegeben, doch scheinen sie weitgehend ergebnislos geblieben zu sein, wenn auch einige überzeugende Ansichten vertreten worden sind. Ein sehr einflußreicher Standpunkt innerhalb der Debatte ist einmal von den beiden amerikanischen Forschern Tillmann und Hobbs eingenommen worden; sie äußerten in ihren Arbeiten Ende der vierziger Jahre die These, daß «ein Mensch so fährt, wie er lebt.» Tillmann und Hobbs führen die Tatsache, daß manche Menschen zu häufigen Unfällen neigen, auf ein Übermaß an Aggression in der Kindheit, unerlaubtes Fernbleiben von der Schule und Disziplinschwierigkeiten, Straffälligkeit im Erwachsenenalter, sexuelle Promiskuität und ein besonderes Bewußtsein für die Vorzüge der eigenen Körperstatur zurück. Sie haben herausgefunden, daß in einer Gruppe von Autofahrern, die vier oder mehr Unfälle hatten, ein wesentlich höherer Prozentsatz anderweitig behördlich registriert war als in einer vergleichbaren Gruppe unfallfreier Fahrer. In England war es unter anderem Professor Eysenck, der hervorgehoben hat, daß sogenannte «Unfäller», d. h. Personen, die eine Neigung zu Unfällen besitzen, meist extrovertierte, emotional instabile Menschen sind, deren Persönlichkeit seiner Meinung nach dem Choleriker der alten Temperamentenlehre entspricht.[1] Diese Ansicht ist von anderen Psychologen wiederholt als «Volkskunde» abgetan worden, da sie kaum durch die Tatsachen gestützt werden könne. Choleriker gibt es vermutlich nicht nur unter den

Fahrern mit hoher Unfallhäufigkeit, sondern auch unter den unfallfreien Fahrern. Es ist auch die Meinung vertreten worden, daß die Kraftfahrer «blaue Montage» haben, an denen die Wahrscheinlichkeit, daß sie in einen Unfall verwickelt werden, höher ist als zu anderen Zeiten, aber daß es so gut wie gar keine Fahrer gibt, die in ihrem Leben durchgehend zu Unfällen neigen.[2]

Das englische Institut für Verkehrsforschung *Road Research Laboratory* hat unter der Leitung von S. W. Quenault eine bemerkenswerte Untersuchung über das Verhalten von Autofahrern durchgeführt.[3] Dazu wurden fünfzig Personen, die kurz zuvor einer Fahrlässigkeit im Straßenverkehr für schuldig befunden worden waren, und fünfzig zufällig ausgewählte Fahrer auf einer Strecke von ungefähr zwanzig Kilometern von zwei Beobachtern begleitet, die genau Protokoll führten. Den Beobachtern war nicht bekannt, welcher Gruppe der jeweilige Fahrer angehörte. Die beiden Gruppen wurden nach der Testfahrt grob in vier Fahrerkategorien unterteilt, und zwar in «sichere», «unbesonnene», «unangepaßt aktive» und «unangepaßt passive». Während der Anteil der Fahrer aus der zufällig ausgewählten Gruppe in den einzelnen Kategorien 36, 3, 3 und 8 betrug, war die Verteilung in der Gruppe von Fahrern, die alle einer Fahrlässigkeit für schuldig befunden worden waren (und die insgesamt in dreimal so viele Unfälle wie die Fahrer der anderen Gruppe verwickelt gewesen waren), wie folgt: 18, 6, 8 und 18. Aus den Ergebnissen der Testfahrt geht also hervor, daß der Anteil an «sicheren» Fahrern in der Gruppe der Unfallfahrer nur halb so groß ist wie in der zufällig ausgewählten Kontrollgruppe.

In der genannten Untersuchung werden als «unbesonnen» solche Fahrer bezeichnet, die zwar «während des Fahrens alle relevanten Informationen zur Kenntnis nehmen», aber gelegentlich falsche Schlüsse daraus ziehen und eine falsche Entscheidung fällen. Als «unangepaßt aktiv» werden solche Fahrer bezeichnet, die sich nicht aller Informationen bewußt sind bzw. sie teilweise ignorieren. Sie sind unberechenbar und überholen oft. Ebenso nehmen auch die «unangepaßt passiven» Fahrer nicht alle entscheidenden Einzelheiten zur Kenntnis, doch sie werden oft überholt und sind eigentlich berechenbar. Ihr starres Verhaltensmuster aber macht sie unfähig, mit unvorhergesehenen Situationen fertig zu werden. Alle Fahrer mit Ausnahme der als sicher eingestuften «verursachen Beinahe-Unfälle und führen ungewöhnliche Fahrmanöver durch».

Als eine größere Anzahl von Autofahrern (300) getestet wurde, ergab sich folgende Verteilung:

Sichere Fahrer: 73%

Unbesonnene Fahrer: 3%

Unangepaßt aktive Fahrer: 11%

Unangepaßt passive Fahrer: 13%.

Diese Verteilung ähnelt derjenigen innerhalb der fünfzig zufällig ausgewählten Fahrer, wenn hier der Prozentsatz an unbesonnenen Fahrern auch geringer und der Anteil an unangepaßt aktiven Fahrern dafür höher ist.

In der ersten Untersuchung stellte sich zudem als wichtige Erkenntnis heraus, daß es, trotz der relativen Gleichförmigkeit des Fahrverhaltens, im allgemeinen nicht möglich war, anhand der Ergebnisse aus den ebenfalls durchgeführten theoretischen Tests vorauszusagen, welcher Kategorie der einzelne Fahrer angehören würde. «Das typische Verhaltensmuster zeigt sich erst dann, wenn die Fahrer am Steuer sitzen.» Dieser Schluß scheint der Aussage von Tillmann und Hobbs, daß ein Mensch so fährt, wie er lebt, auf den ersten Blick zu widersprechen. Es darf aber nicht vergessen werden, daß die englischen Forscher über keinerlei Information hinsichtlich des Privatlebens oder der Vergangenheit der getesteten Fahrer verfügten. Sie hatten zum Beispiel keinen Zugang zu deren Schulzeugnissen.

Dennoch hat ihre Arbeit den großen und seltenen Vorteil, auf der detaillierten Beobachtung der tatsächlichen Verhaltensweisen am Steuer zu beruhen, nicht auf bloßen statistischen Zahlen und Unfallbeschreibungen. Sie waren in der Lage, die Genese von Unfällen bzw. Beinahe-Unfällen zu beobachten. Quenaults Beschreibung der «unangepaßten» Fahrer scheint in diesem Zusammenhang besonders aufschlußreich:

«Ihr Mangel an klarer Erkenntnis der jeweiligen Situation und der Konsequenzen ihrer eigenen Handlungsweise bringt sie oft an den Rand eines Unfalls oder in unfallträchtige Situationen, denen sie nur infolge des Geschicks und der Voraussicht anderer Fahrer entgehen. Im Falle eines Beinahe-Unfalls ist ein solcher Fahrer durch das Vorkommnis anscheinend weitaus weniger emotional betroffen als die Beobachter (die als sichere Fahrer eingeschätzt werden).»

Die detaillierten Untersuchungsergebnisse nennen als weitere Merkmale des unangepaßten Fahrers die eingeschränkte Wahrnehmungsfähigkeit für das, was rechts und links vor sich geht, sowie den häufigen Fehler, nicht in den Rückspiegel zu blicken. «Sie neigen dazu, ständig starr nach vorne zu schauen.»

Der «unangepaßt aktive» Fahrer entspricht in seinem Verhalten mehr den allgemeinen Merkmalen einer Unfallpersönlichkeit, doch wer Verkehrserfahrung besitzt, wird den «unangepaßt passiven» Fahrer wahrscheinlich ebenso leicht erkennen. Der hohe Prozentsatz an «unangepaßt passiven» Fahrern mag vielleicht überraschen: Wenn nämlich der Anteil, der sich bei den dreihundert getesteten Fahrern ergeben hat, repräsentativ für die Kraftfahrer im allgemeinen ist, dann ist jeder achte von ihnen ein «unangepaßt passiver» Fahrer. Quenault geht anscheinend nicht von der Annahme aus, daß es sich bei ihnen um Fahrer mit einer geringeren jährlichen Kilometerleistung handelt; tatsächlich erweist sich nämlich die jährliche Kilometerleistung der Gruppe von Unfallfahrern, in der die «unangepaßt passiven» Fahrer mehr als ein Drittel ausmachen, insgesamt als doppelt so hoch wie die Kilometerleistung der Fahrer in der zufällig ausgewählten Gruppe.

Auch wenn der Unfallschaden, der von den «unangepaßt passiven» Fahrern verursacht wird, infolge der geringeren Geschwindigkeit weniger ernst sein mag, so scheint es doch keinen Zweifel daran zu geben, daß das Verhaltensmuster dieser Fahrerkategorie unfallträchtig ist. Das wird durch eine weitere Untersuchung bestätigt, die das erwähnte Institut für Verkehrsforschung durchgeführt hat. Dabei wurde die Geschwindigkeit einer großen Anzahl von Kraftfahrzeugen gemessen und ihre Zulassungsnummern mit denen verglichen, die in einen Unfall verwickelt gewesen waren. Es stellte sich heraus, daß Fahrer, die mit einer das Durchschnittstempo des Verkehrsstroms beträchtlich unter- oder überschreitenden Geschwindigkeit fuhren, öfter in Unfälle verwickelt waren als jene, deren Geschwindigkeit in etwa dem Durchschnitt angepaßt war.

Einsichten

Besteht die Möglichkeit, die vorliegenden Erkenntnisse bezüglich der Vorkommnisse auf unseren Straßen dadurch zu erweitern, daß wir jenes Verständnis vom Menschen in die Betrachtung miteinbeziehen, das Rudolf Steiner in seiner anthroposophisch orientierten Geisteswissenschaft begründet hat? Er selbst hat sich sehr wenig direkt zu den Problemen des Straßenverkehrs geäußert, obgleich sie während der späteren Jahre seines Lebens schon recht deutlich in Erscheinung traten. Aber seine Erkenntnisse über das Wesen des Menschen sind für alles, was wir tun, von Belang, auch wenn wir zunächst vielleicht sehr vorsichtig damit umgehen müssen.

Rudolf Steiner hat eine sehr positive Anschauung vom Ich des Menschen. Es ist der wahre «Herr im eigenen Hause», da es zwischen den Gliedern des menschlichen Wesens Harmonie herstellt. Das Ich hat die richtige, bewußte Lenkung der Bewegungen des Menschen inne, während der Impuls sich zu bewegen vom Astralleib, dem Träger der Wünsche und Gefühle, vermittelt wird, der von sich selbst nur ein träumendes Bewußtsein zu haben vermag. Der Lebensleib oder Ätherleib, der in uns schläft, ist Sitz unseres Temperaments und unserer Gewohnheiten.

Was wir als Erwachsene lernen, nehmen wir zuerst in das Ich und den Astralleib auf. Dann teilen wir es durch ständige Wiederholung dem Ätherleib mit, in dem es zu einer gewohnten, meist unbewußt benutzten Fähigkeit heranwächst. Diese benutzt ihrerseits unseren physischen Leib als Werkzeug. Er besitzt eine Universalität, die ihm eine große Vielfalt an Bewegungen ermöglicht, doch ist er zugleich Beschränkungen unterworfen, wie sie der Astralleib nicht kennt. Auf Geheiß des Astralleibs erfindet das Ich Hilfsmittel zur Erweiterung und Spezialisierung der Gliedmaßen und Organe des physischen Leibs.

Jedes wie auch immer geartete Fahrzeug, ein Boot zum Beispiel, erfüllt also an erster Stelle den Zweck, die Sehnsucht des Astralleibs zu erfüllen und die ihm vom physischen Leib auferlegten Grenzen zu überwinden. Mit Hilfe seines Fahrzeugs versetzt sich der Mensch in die Lage, so weit wie die Fische und Vögel zu reisen. Sein Ich muß jedoch lernen, das Steuer zu übernehmen. Denn wir verspüren schnell den Wunsch, uns wie im Traum oder in der frühen Kindheit zu bewegen, nämlich ohne auf Hindernisse oder auf die tatsächlichen räumlichen Gegebenheiten zu achten.

Wenn wir Radfahren lernen oder den Führerschein machen, geht eine wunderbare Zusammenarbeit der verschiedenen Teile unseres Wesens vor sich. Dieser Prozeß ist aber wie bei jedem Lernen unvollständig; es gibt so manchen vergeblichen Versuch sowohl von den bewußten als auch den unbewußten Teilen unseres Wesens. Wir sträuben uns dagegen, daß unser wahres Ich zu vollem Leben erwacht; und sowohl Kinder als auch Erwachsene werden oft so unterrichtet, daß es ihnen (und dem Lehrer) ein leichtes ist, weiter zu schlafen.

Das Zusammenspiel von Wachen, Träumen und Schlafen beeinflußt unser Leben fortwährend auf die verschiedenste Art und Weise. Wir nehmen uns zum Beispiel nicht immer gegenseitig als freie und bewußte Seelen wahr. Eine solche Wachheit mag in der einen Tätigkeit mehr und in einer anderen weniger vorhanden sein: So nimmt vielleicht jemand seine Mitmenschen am Arbeitsplatz kaum wahr, während er für die Mitglieder einer Gesprächsrunde, die er am Abend besucht, wache Aufmerksamkeit besitzt. Die Wachheit vermag sich also nicht in alle Richtungen gleichzeitig zu entfalten.

Für einen Autofahrer ist es daher sicherlich leichter, seine Aufmerksamkeit nach vorne zu lenken anstatt nach rechts, links oder hinten. Das, was neben uns ist, träumen wir vielleicht nur, und das, was sich hinter uns befindet, ist im Schlaf. Und genau dies erweist sich vielleicht als Verhängnis. Quenault hat die interessante Beobachtung gemacht, daß manche unangepaßte Fahrer unnötigerweise abbremsen, wenn der Verkehr auf der Gegenfahrbahn einer Autobahn in ihr Blickfeld gerät, während eine *notwendige* Reaktion, die den Verkehr neben oder hinter ihnen betrifft, völlig ausbleibt.

Dennoch entspricht die Behauptung, daß ungenügende Fahrleistungen auf einem allgemeinen Mangel an Bewußtheit in bezug auf die Mitmenschen gründen, nicht den Erfahrungstatsachen. So mag ein Mann zum Beispiel ein hervorragender Geigenlehrer sein, der die Bedürfnisse seiner Schüler genau kennt, und doch hat er Schwierigkeiten, die richtige Aufmerksamkeit als Fahrer zu finden – jene Wachheit nämlich, die seinem Ätherleib die richtigen Reaktionsweisen einprägen würde. Die Hindernisse können gewiß sehr unterschiedlicher Natur sein, und selbst jemand, der über gute Fahrgewohnheiten verfügt, mag unter gewissen Umständen einen schweren Fehler machen. Je näher wir aber die Aufgaben eines Fahrers betrachten, umso deutlicher stellt sich heraus, daß es einer ständigen Schulung bedarf, und zwar einer Schulung sehr umfassender Art.

Eine Anwendungsmöglichkeit für den achtgliedrigen Pfad

Das Wesentliche einer solchen Schulung ist schon seit langer Zeit in der Welt gegenwärtig, und es fand neuen Ausdruck, kurz nachdem sich die Automobile auf ihren anfangs ganz vorsichtigen Weg über unsere Straßen gemacht hatten. Es ist im heiligen achtgliedrigen Pfad des Buddha vorgezeichnet, den Rudolf Steiner sowohl in *Wie erlangt man Erkenntnisse der höheren Welten?* als auch in anderen Schriften neu formuliert hat. Dieser Weg der geistigen Schulung ist zum einen für alle Vorgänge bedeutsam, durch die der Astralleib wieder in das richtige Gleichgewicht zwischen Himmel und Erde gebracht werden muß, zum anderen aber auch für alle technischen Neuerungen unserer Zeit und ganz besonders und unmittelbar für die Aufgaben des Straßenverkehrs.

Die acht Forderungen, die der Pfad stellt, sind von Rudolf Steiner einmal den einzelnen Tagen der Woche zugeordnet worden, wobei die achte eine Zusammenfassung aller übrigen darstellt. Der Astralleib durchläuft im Verlauf einer Woche einen Rhythmus, der – wenn wir uns dessen auch nur in völlig anderer Weise bewußt sind – mit dem Ich-Rhythmus von Wachen und Schlafen innerhalb von vierundzwanzig Stunden verglichen werden kann. Nach außen hin drückt sich dies im Bedürfnis nach Abwechslung und Muße am Wochenende aus; einen mehr nach innen gerichteten Ausdruck hat es durch die Heiligung des Samstags,

Sonntags und Freitags in den religiösen Traditionen gefunden.

Der erste Teil des achtgliedrigen Pfads bezieht sich auf die Entwicklung der richtigen Vorstellung. Die Gedanken sollen nicht willkürlich angeeignet werden, sondern unter sorgfältiger Berücksichtigung ihrer Bedeutsamkeit und Wahrheit. Der Schüler soll stets bemüht sein, sich von allen unrichtigen Vorstellungen zu befreien, und seine Begriffe und Ideen sollen ihm helfen, sich ein genaues und vollständiges Bild seiner Umgebung zu verschaffen.

Im Straßenverkehr ist es unsere oberste Pflicht, zu erkennen und zu verstehen, was um uns herum vor sich geht. Eine «relevante Information» kann sehr unterschiedlich beschaffen sein, und ein Großteil ihrer Einzelheiten wird leicht ignoriert oder falsch interpretiert. Selbst für den erfahrensten Autofahrer ist es infolge der Monotonie der Eindrücke insbesondere auf Autobahnen schwer, nach vielen Stunden am Steuer noch all das wahrzunehmen, worauf es ankommt. Bei einer langen Fahrt ist es daher wichtig, alle zwei oder drei Stunden anzuhalten, um Gelegenheit zur stillen Betrachtung und zum Nachdenken zu haben. Rudolf Steiner hat den ersten Teil des Pfads zur besonderen Beachtung am Samstag, dem alten Ruhetag, empfohlen.

Der zweite Teil bezieht sich auf die richtigen Entschlüsse. «Nur aus begründeter voller Überlegung heraus selbst zu dem Unbedeutendsten sich *entschließen*... Ist man von der Richtigkeit eines gefaßten

Entschlusses überzeugt, so soll auch daran festgehalten werden in innerer Standhaftigkeit.»[4] Vor jedem Fahrtantritt, ja vor jedem Überqueren einer Straße muß ein Entschluß gefaßt werden, und wir können versuchen, uns zu vergewissern, daß dieser Entschluß wirklich von unserem Ich gefaßt wird und nicht nur Ausdruck der Wünsche oder Gefühle im Astralleib ist. Jede Ortsveränderung bietet der Erfüllung unseres Schicksals neue Möglichkeit, sie sollte daher nicht achtlos unternommen werden. Wenn wir unter dem Eindruck einer großen Freude oder eines großen Schmerzes stehen, ist es besser, sich nicht selbst ans Steuer zu setzen, denn ein solcher Gemütszustand läßt dem Astralleib vielleicht nicht genügend Freiheit, die Aufgabe, die er bei der Fahrt hat, zu erfüllen, nämlich Geschwindigkeiten und relative Bewegungen in einer Art und Weise einzuschätzen, deren Folgen lediglich für uns erkennbar werden. Und genauso fahruntüchtig ist jemand, der Zorn in sich trägt. Der Entschluß, eine Fahrt anzutreten, sollte mit Vertrauen sowohl in das Schicksal als auch in die Erde gefaßt werden.

Als nächste Forderung begegnet uns die rechte Rede. Sie zielt auf die Vermeidung von Gesprächen, die als bloßes Mittel zum Zeitvertreib dienen. Alles Gesprochene soll das Ergebnis sorgfältiger Überlegung sein. «Man versuche, nicht zu viel und nicht zu wenig Worte zu machen.»[5] Dieses Glied des Pfads, das so einfach klingt, hat die weitestreichende Bedeutung, und wir finden im Straßenverkehr Gelegenheit genug, zu erfahren, welche Schwierigkeiten sich mit ihm verbinden. Zunächst gibt es eine Art Sprache, die für Fahrzeuge typisch ist, nämlich mittels Hupen, Klingeln und Zeichengeben. Die Hupe wird recht oft als abfälliger Kommentar über das Verhalten eines anderen Verkehrsteilnehmers benutzt. Das Zeichengeben aber stellt ein unverzichtbares Kommunikationsmittel dar. Englische Reisebusfahrer zum Beispiel haben festgestellt, daß das Versäumnis, das richtige Zeichen zur richtigen Zeit zu geben, zu den gefährlichsten Fehlern im Straßenverkehr zu rechnen sei, denen sie begegnen. Und im Wagen selbst geschieht es leicht, daß man entweder zu viel oder aber falsch redet, indem man zum Beispiel den Fahrer in ein Streitgespräch verwikkelt, an dem er zu heftig oder zu emotional beteiligt ist. Derartige Dinge mögen banal oder übertrieben scheinen – die Statistiken sagen schließlich nichts über Streitigkeiten in den Autos aus! In Wirklichkeit aber sind solche Faktoren keineswegs bedeutungslos, und in den Begegnungen am Straßenrand, in denen ein Gespräch möglich oder notwendig wird, zum Beispiel nach einem Unfall oder wenn ein Wortwechsel entsteht, mag vieles von der rechten Rede abhängen.

Der vierte Teil befaßt sich mit der äußeren Handlung, also nicht mit dem Entschluß, der der Handlung vorausgeht, sondern mit ihrer Ausführung und deren Folgen für unsere Mitmenschen. «Der Geheimschüler versucht sein Handeln so einzurichten, daß es zu den Handlungen seiner Mitmenschen und zu den Vorgängen seiner Umgebung stimmt. Er unterläßt Handlungen, welche für andere störend sind oder die im Widerspruch stehen mit dem, was um ihn herum vorgeht.»[6] So lautet die Aufgabe, die Rudolf Steiner dem Dienstag, dem Tag des Mars, zuordnet. Durch die Kontrolle über das Tun wird der aggressive Impuls im Menschen bezähmt und verwandelt. Das ist für eine gute Fahrweise unerläßlich, denn ein Kraftfahrzeug sollte niemals als Waffe benutzt werden oder dazu, um anderen den eigenen Willen aufzuzwingen. Aber auch Passivität kann häufig falsch sein. Die drei kritischen Entscheidungen, nämlich das Einordnen in den fließenden Verkehr, das Linksabbiegen an einer Kreuzung und das Ausscheren, um zu überholen, erfordern immer ein Abwägen zwischen richtig und falsch. Der eine oder andere Fahrer mag sich auf seine Gewohnheiten verlassen können, doch es gibt viele, die gut daran täten, ihre Gewohnheiten einmal kritisch zu prüfen!

Der fünfte Schritt auf dem Pfad stellt aus der Sicht des Autofahrers vielleicht die höchsten Anforderungen: «Der Geheimschüler versucht natur- und geistgemäß zu leben. Er überhastet nichts und ist nicht träge. Übergeschäftigkeit und Lässigkeit liegen ihm gleich ferne. Er sieht das Leben als ein Mittel der Arbeit an und richtet sich dementsprechend ein. Gesundheitspflege, Gewohnheiten und so weiter richtet er für sich so ein, daß ein harmonisches Leben die Folge ist.»[7]

In ihrer Untersuchung über die Beziehung zwischen Fahrverhalten und Gesundheitszustand weisen die beiden Ärzte Dr. Bühler und Dr. Peipers darauf hin, daß Eile ein Kardinalfehler der Autofahrer ist, und zwar nicht nur im Hinblick auf die allgemeine Sicherheit, sondern auch auf die Gesundheit.[8] So wirkt sich etwa ein schnelles In-die-Kurve-Gehen oder ein abrupter Wechsel der Geschwindigkeit speziell auf den Kreislauf schädlich aus; aber auch generell haben häufige Autofahrten einen negativen Einfluß auf das Herz und den Kreislauf, wie Rudolf Steiner schon 1902 beschrieben hat, und zwar aufgrund der naturgemäß mit dem Fahren verbundenen Tätigkeiten bzw. Untätigkeiten. Dr. Bühler und Dr. Peipers heben hervor, daß Nervensystem und Sinnesempfindungen durch die schnell wechselnden Eindrücke überlastet werden, während die Gliedmaßen zur Inaktivität verurteilt sind. Ihr rhythmisches Bewegungssystem erleidet plötzlichen Druck und plötzliche Anspannung, für deren Ausgleich keine Mittel zur Verfügung stehen.

Der Autofahrer sieht sich also vielfältigen Pflichten gegenüber. Wenn er seine Geschwindigkeit dem Verkehrsfluß und den Straßenverhältnissen anpaßt und weder wesentlich schneller noch langsamer als der übrige Verkehr fährt, so mindert das einerseits die Anspannung seines Körpers und bedeutet andererseits größtmögliche Sicherheit. Überdies kann er vorsichtig mit dem Essen und Trinken sein. Es ist unbestritten, daß selbst eine kleine Menge Alkohol die Fahrtauglichkeit und das Urteilsvermögen beeinträchtigt. Aber es gibt auch – wie Bühler und Peipers berichten – Beweise dafür, daß sich falsches Essen ebenso nachteilig auf die Fahrtauglichkeit und das körperliche Befinden auswirkt. Es ist sehr viel besser, verhältnismäßig kleine Portionen in kürzeren Abständen zu sich zu nehmen als eine ausgiebige Mahlzeit mit viel Zucker und Stärke. Empfohlen werden Bohnenkaffee in Maßen und Obst. (Es scheint, als zeigten Berufsfahrer mehr Vernunft im Hinblick auf ihre Mahlzeiten als die Menge der Autofahrer.)

Wie man mit seinem eigenen Körper umgeht, ist in Wahrheit niemals bloß eine Privatangelegenheit, und das Anlegen eines Sicherheitsgurtes hat nichts mit Egoismus zu tun. (Rudolf Steiner hat von der tief verborgenen unbewußten Anmaßung gesprochen, die dem Gebrauch der zwei Worte «mein Körper» zugrunde liegt.) Wenn jemand am Straßenverkehr teilnimmt und insbesondere dann, wenn er am Steuer sitzt, geht sein Gesundheitszustand alle etwas an. Gewiß kann ein Autofahrer nicht immer bei bester Gesundheit sein, aber es besteht die Verpflichtung, die Folgen jeder speziellen gesundheitlichen Verfassung ernsthaft zu bedenken. So sollte es als unumstößliche Pflicht gelten, sich nach dem Genuß von Alkohol nicht mehr ans Steuer zu setzen. Vom geisteswissenschaftlichen Standpunkt aus hat der Alkoholgenuß zur Folge, daß eine Art unwirklichen, künstlichen Ichs entsteht.[9] Natürlich gibt es viele Grenzfälle; und manchmal, wenn die körperliche Verfassung nicht die beste ist, mag es durchaus genügen, sich einen nicht ganz so straffen Zeitplan zu setzen, der ein paar Ruhepausen enthält. Mit zunehmendem Alter ist es darüber hinaus geboten, sowohl bestimmte Verkehrsbedingungen zu meiden als auch die Kilometerleistung eines Tages zu reduzieren.

Das soeben geschilderte fünfte Glied des Pfads ist dem Mittwoch, dem Tag des Merkurs, des Planeten der Heilung, zugeordnet. Das sechste steht mit dem Donnerstag, dem Tag des Jupiters, in Verbindung; es zielt auf das Streben, das eigene Können und Wissen zu erweitern und sich alle vorangegangenen Übungen zur Gewohnheit werden zu lassen. Wenn uns dies gelingt, so wird uns bewußt, daß wir noch über andere Wahrnehmungsorgane verfügen als die bislang vertrauten Sinne. Es sind Organe, die allmählich und mit Geduld durch das eigene Bestreben vervollkommnet werden müssen. Sie stehen zwar mit dem physischen Leib in Verbindung, doch sind sie selbst Organe der übersinnlichen Wesensglieder. Besonders wichtige Organe dieser Art befinden sich in der Nähe der leiblichen Stirn, der Kehle und des Herzens. Ein Befolgen des achtgliedrigen Pfads trägt vor allem zur Entwicklung des zweiten dieser Organe bei.

Die Technik hat allgemein den eigentümlichen, unbewußten Effekt, daß sie uns vorgibt, unser übersinnliches Wesen, unsere Seele und unser Geist, seien nicht existent. Sie verzerrt sogar die Vorstellung, die sich der Mensch von seinem physischen Wesen gemacht hat, denn sie kann niemals so universal sein wie dieses. So nützlich und zweckmäßig eine Maschine auch sein mag, sie führt uns die Notwendigkeit vor Augen, unser Menschsein immer wieder neu zu entdecken. Unbewußt findet dies in dem Bestreben Ausdruck, die Kraftfahrzeuge zur Flucht aus der technisierten Welt zu benutzen und mit ihnen zu den

Flüssen, an die See oder in die Berge zu gelangen. Sinnvoller scheint jedoch, sich Meditationspraktiken anzueignen, die in ihrem Aufbau die Ganzheit des Menschen zum Ausdruck bringen, wie zum Beispiel die sieben Rhythmen von Rudolf Steiners Grundstein-Meditation, zu der W. F. Zeylmans van Emmichoven eine außerordentlich hilfreiche Einführung verfaßt hat.[10] In diesem Punkt ist freilich das gesamte Werk von Rudolf Steiner bedeutsam, denn all seine Schriften verfolgen das Ziel, den Menschen wieder so weit *über* die Natur hinaus zu einem Wissen um die geistige Wirklichkeit jenseits der physischen Welt zu führen, wie er sich mit seinem technischen Wissen und Können notwendigerweise *unter* die Stufe des Natürlichen begibt.

Die siebte Übung des achtgliedrigen Pfads betrifft «das Streben, möglichst viel vom Leben zu lernen». Sie wird unter dem Begriff des «richtigen Gedächtnisses» zusammengefaßt. Es vergeht kein Tag, der nicht eine Erfahrung mit sich bringt, die uns für den Rest unseres Lebens von Nutzen sein kann. Vielleicht sind wir jedoch nicht aufmerksam genug, um ihren Kern zu erkennen. Das gilt für das Fahren genau wie für alle anderen wirklichen Lernprozesse. Wir können auf unsere Erfahrungen im Straßenverkehr zurückblicken und aus ihnen neue Schlüsse ziehen, die möglicherweise auch für andere Bereiche unseres Daseins Geltung haben.

Wenn wir über einen Zeitraum von mehreren Jahren zurückblicken, so erinnern wir uns an die Verstorbenen. Sie befinden sich ganz in unserer Nähe und sind sich der Tatsache, daß die unmittelbare Zukunft unendliche Möglichkeiten birgt, sehr viel mehr bewußt als wir. Die Seelen entfernen sich zwar nach dem Tod aus der Welt der Dinge, doch verfügen sie über ein viel tieferes Verständnis für Bewegungen und räumliche Beziehungen als wir. Wie Rudolf Steiner oft geschildert hat, spüren sie die Fülle der Möglichkeiten, die uns wie eine Wolke umgibt, und ahnen, was geschehen *könnte*. Und oft versuchen sie, die Menschen auf der Erde von möglichen Ereignissen wegzulenken, die sie an der Erfüllung ihrer Aufgaben, für die sie die körperliche Existenz angenommen haben, hindern könnten.

Ist es jemals möglich, das Leid, das durch einen Unfall verursacht wird, als positives Ereignis in unserem Schicksal zu begreifen? Mit ihm verhält es sich wie mit einer Krankheit, bei deren Eintritt jedes Bemühen zu ihrer Überwindung einen wahrhaft positiven Sinn annehmen kann. Wenn wir auf einen Unfall, der sich vor Jahren ereignete, zurückblicken, so mag das Geschehen an sich immer noch sehr schmerzlich für uns sein, doch aus dem Bestreben, seine Folgen zu überwinden, kann viel Gutes entstehen. Wenn zum Beispiel ein junger Mensch an den Folgen eines Unfalls gestorben ist, so vermag dies das Leben derjenigen, die ihn kannten, zu vertiefen und sie in völlig unerwartete und neue Bahnen zu lenken, von denen andere großen Nutzen haben, ja, das Geschehen kann sogar bewirken, daß die gesamte Gemeinschaft von Menschen, mit denen der Verstorbene in Verbindung stand, einen Wandel und ein Wachstum ihrer selbst erfährt. Und vielleicht wirkt es sich auf denjenigen, der die meiste Verantwortung an dem Unfall trägt, sogar in der Weise aus, daß in ihm nun eine äußerst gewissenhafte Besorgtheit um seine Mitmenschen erwacht.

Die achte Übung des Pfads schließlich, die in gewisser Weise alle übrigen umfaßt, zielt auf die Entwicklung eines Seelenlebens, das zu echter Selbsterkenntnis führt. Es vermag jedoch kaum dadurch erworben zu werden, daß wir nur in unser Inneres blicken; vielmehr sind dazu objektive Maßstäbe und ein lebendiges Verstehen unserer Umgebung nötig. Erst dann können wir uns unserer eigenen Person zuwenden. So «sicher» wir uns selbst auch fühlen mögen, wir entdecken dennoch vielleicht gewisse Anzeichen der Unbesonnenheit, der aktiven oder passiven Unangepaßtheit in uns, wenn wir die Tatsache bedenken, daß es Autofahrer mit diesen Verhaltensweisen gibt. Eine Selbsterkenntnis in bezug auf unser Fahrverhalten ist von unschätzbarem Wert, und zwar nicht nur an und für sich, sondern auch im Zusammenhang mit unserer Selbsterkenntnis allgemein.

Die Überwindung der Ruhelosigkeit

All dem läßt sich nun ohne weiteres entgegnen, daß die meisten das Autofahren recht gut erlernen, ohne jemals vom achtgliedrigen Pfad gehört zu haben. In

Wirklichkeit aber ist dieser Pfad nicht etwas, das nur wenige Menschen betrifft. Daß er vom Buddha einst gelehrt worden ist, macht ihn zu einem Teil des Schicksals der gesamten Menschheit, und das Bedürfnis, ihm zu folgen, ist in unzähligen Menschenseelen verborgen. Die Ereignisse unseres Lebens fordern ständig dazu heraus, uns die Ziele des Pfads zu Bewußtsein zu bringen.

In den Jahren der Jugend bis etwa zum Alter von achtundzwanzig erlebt der Astralleib im Menschen eine Art Erwachen. Er beginnt sich zu befreien und sucht allmählich eine dauerhafte Verbindung sowohl zu dem Ätherleib und dem physischen Leib als auch zu dem Ich des Menschen. Der Astralleib bringt aus dem vorgeburtlichen Sein eine Fülle von Impulsen mit, die alle darauf gerichtet sind, die irdischen Bedingungen von Zeit und Raum zu überwinden. Dazu gehört unter anderem die Sehnsucht nach Frieden und Mitleid, die von dem Buddha inspiriert worden ist. Wenn die Seele in ihrer Umgebung auf zu wenig Verständnis für diese Sehnsucht stößt, mag sie an einer Ruhelosigkeit und Unzufriedenheit leiden, die tragische Folgen haben kann.

Während der genannten Lebensphase werden viele junge Menschen mit einer Unmenge von technischem Wissen überhäuft, das zwar über große Genauigkeit und Vielfalt verfügt, aber wenig mit dem innersten Wesen des Menschen zu tun hat. Zu Recht ist die technische Entwicklung mit großer Begeisterung aufgenommen worden, aber sie vermag auch ein Ermüden des Geistes zu fördern, das der Müdigkeit nach einer langen Reise gleicht. Was wir jedoch brauchen, ist eine ungebrochen starke und dauerhafte Begeisterung, die das technische Wissen und Können mit dem Verständnis für das Wesen des menschlichen Geistes und für die Universalität seiner Seele zu vereinen vermag.

Reden in der Familie

Das Reden bedenken

Wer sich die eigene geistige Entwicklung zur Aufgabe macht und nach einer Orientierungshilfe bei denen sucht, die sich dazu in kundiger Weise geäußert haben, der wird sich recht bald mit der Aufforderung konfrontiert sehen, sehr viel aufmerksamer als in der Vergangenheit auf seine Sprache zu achten. Schon zu einem recht frühen Zeitpunkt seiner Arbeit als Lehrer der geistigen Entwicklung hat Rudolf Steiner einigen seiner Schüler eine Zusammenfassung der Grundsätze des achtgliedrigen Pfads an die Hand gegeben, in der der dritte Grundsatz folgendermaßen dargestellt wird:

«Nur was Sinn und Bedeutung hat, soll von den Lippen desjenigen kommen, der eine höhere Entwickelung anstrebt. Alles Reden um des Redens willen – zum Beispiel zum Zeitvertreib – ist in diesem Sinne schädlich.

Die gewöhnliche Art der Unterhaltung, wo alles bunt durcheinander geredet wird, soll vermieden werden; dabei darf man sich nicht etwa ausschließen vom Verkehr mit seinen Mitmenschen. Gerade im Verkehr soll das Reden nach und nach zur Bedeutsamkeit sich entwickeln. Man steht jedem Rede und Antwort, doch gedankenvoll, nach jeder Richtung hin überlegt. Niemals ohne Grund reden! Gerne schweigen. Man versuche, nicht zu viel und nicht zu wenig Worte zu machen. Zuerst ruhig hinhören und dann verarbeiten.»[1]

Wenn wir diesen Rat bezüglich des richtigen Wortes ernst nehmen, stoßen wir unweigerlich auf die Tatsache, daß wir ständig in Situationen geraten, die einen starken Einfluß auf unsere Redeweise haben. In fast jeder Gemeinschaft, an der wir beteiligt sind, begegnen wir bestimmten Erwartungen bezüglich des Tons, der Wortwahl und des Inhalts unserer Rede. Meist entspricht jeder einzelne von uns solchen Erwartungen, ohne dabei irgendeine Beschränkung der persönlichen Freiheit zu bemerken. Wenn wir uns aber bewußt vornehmen, die eigenen Worte zu überwachen, sind wir im allgemeinen bemüht, unsere Sprache umso sorgsamer auf das abzustimmen, was unsere Hörer als verständlich und akzeptabel empfinden. Dabei stellen wir möglicherweise fest, daß zwischen dem, was wir selbst als wahr empfinden, und dem, was von unseren Mitmenschen akzeptiert wird, ein Konflikt entsteht. Vielleicht trifft der einzelne sogar in seiner direkten Umgebung auf Personengruppen, denen er nicht ausweichen kann und deren Sprechweise ihm insgesamt oder in bestimmten Teilaspekten nicht länger hinnehmbar erscheint. Diese manchmal tragische Erfahrung wird sehr häufig von jungen Menschen, ja sogar von Kindern gemacht.

Die Lehre des Buddha unterscheidet zwischen vier großen Gefahren für die rechte Rede. Es sind die Lügenhaftigkeit, die Neigung, andere zu verleumden, die Neigung, andere zu verletzen, und die Schwatzhaftigkeit, die Trivialität. Normalerweise sind in jeder Gruppe bestimmte Sperren vorhanden, die solche Gefahren verhindern, aber es gibt auch einen gewohnheitsmäßigen Hang dazu. So kann zum Beispiel eine Gruppe ständig eine andere verleumden, während sie auf jede Verleumdung ihrer Mitglieder untereinander sehr empfindlich reagiert. Ein Schüler des geistigen Lebens sieht sich daher vor folgendem Problem:

Wie soll ich mich im Falle einer allgemein akzeptierten Unwahrheit oder Verleumdung in der Gruppe, der ich angehöre, verhalten? Wie soll ich mein Verhalten ändern, wenn ich feststelle, daß von meiner Rede eine bestimmte Grundstimmung oder ein bestimmter Inhalt erwartet wird, die ich beide nicht mehr für richtig halte?

Immer schon haben die familiären Kontakte für diejenigen, die sich auf dem geistigen Pfad befinden, einige besonders schwerwiegende Probleme mit sich gebracht. So mag jemand in manchen Augenblicken seines Lebens die Empfindung haben, daß es ihm im Kreis seiner eigenen Familie am wenigsten gelingt, die vier genannten Gefahren zu überwinden. Im Extremfall fühlt er sich vielleicht in einem unentwirrbaren Netz von Lügen und gegenseitigen Beschimpfungen gefangen. Dennoch kann die Familie auch ein Ort sein, an dem Gespräche entstehen, die während des gesamten Lebens eine Stütze sind; und sie ist fast immer der Ort, an dem die Sprache selbst erlernt wird – und mit ihr noch so vieles mehr, dessen Wert wir kaum jemals richtig ermessen.

Infolge von Zeugung und Geburt kommen wir in eine Familie hinein. Wir bringen besondere Eigenschaften und Ziele mit uns, die jedoch erst allmählich zum Vorschein gelangen. Zuvor haben wir unter geistigen Wesen gelebt, und wir standen mit ihnen in vielfältigem Zusammenhang; nun begegnen wir einer Mutter und anderen Menschen, denen wir zuhören und die wir anzuschauen beginnen. Nach dem tiefen Schlaf eines großen Vergessens haben wir eine neue Welt betreten; doch sind wir immer noch die Wesen, die wir zuvor gewesen sind, und wir haben auch Erwartungen und Ängste wie jeder auf der Erde, der eine lange Reise gemacht hat und eine Weile zu bleiben gedenkt.

Der Mensch, der anfangs das meiste dafür tun kann, unsere Erwartungen zu erfüllen und unsere Ängste zu beschwichtigen, ist im allgemeinen die Mutter. In der westlichen Welt hat sie ihre Aufgabe viele Jahrhunderte lang nicht unter diesem Aspekt gesehen, und dennoch hat sie sie bewältigt – als Antwort auf die offenkundigen Bedürfnisse des Kindes und aus dem Reichtum ihres Herzens heraus.

Einer der letzten großen Lehrer der westlichen Welt, der sich offen und direkt über die Unsterblichkeit in der Zeit vor unserer Geburt zu äußern vermochte, war Platon; nach ihm traten etwa zweitausend Jahre des

Schweigens ein. In seinen Schriften zu den großen Tugenden, die eine menschliche Gesellschaft auszeichnen, hat Platon dargestellt, was jeder einzelne von uns bei der Geburt als Erbe aus der Vergangenheit mit sich bringt. Unsere Mütter begegnen diesem Erbe in uns, und sie können dazu beitragen, daß sich seine Merkmale – die Eigenschaften der Weisheit, Tapferkeit, Besonnenheit und Gerechtigkeit – zu neuer Blüte entfalten. Natürlich besitzen und zeigen die einzelnen Menschenseelen diese Eigenschaften in sehr unterschiedlicher Weise; dennoch sind sie in jedem Kind anzutreffen, und manchmal werden sie gerade dann besonders deutlich erkennbar, wenn wir von ihrem Fehlen überzeugt sind – im plötzlichen Aufflackern von Mut bei einem sehr ängstlichen Kind zum Beispiel oder in der Weisheit dessen, was ein Kind, das als schwer erziehbar gilt, sagt oder tut. Zu dem Zeitpunkt, an dem die Mutter weiß und akzeptiert, daß sie ein Kind haben wird, ist sie im Hinblick auf die genannten Eigenschaften selbst in den verschiedenen Stufen ihrer persönlichen Entwicklung begriffen; und ihr leuchtet sogleich gewissermaßen die Notwendigkeit ein, diese Entwicklung intensiver und bewußter voranzutreiben.

Wenn ein Kind zur Welt kommt, ist ihm seine Mutter nicht fremd. Es hat seine Eltern von der geistigen Welt aus gesehen, und kurz vor seinem Eintritt in die irdische Existenz blickt es aus dem Reich, in dem es gerade weilt, auf seine zukünftige Mutter herab. Rudolf Steiner hat einmal gesagt, daß das Kind, das sich kurz vor der Geburt befindet, in der Lage ist, seinen Vater zu sehen, und zwar mit Hilfe des Bildes, das die Mutter von ihm in der Seele trägt.[2] Das gilt ganz allgemein, obwohl es auch Ausnahmen geben kann. Zum Zeitpunkt der Zeugung steht die Mutter unter dem Einfluß der geistigen Kräfte der Sonne, der Vater unter dem Einfluß der Kräfte der Erde; das Geschehen der Zeugung spiegelt die Beziehung zwischen Sonne und Erde wider.

Diese Sichtweise wirft ein neues Licht auf das gesamte Verhältnis zwischen Kindern und Eltern. Vielleicht läßt es sich so ausdrücken: Das Kind erwartet von der Mutter, daß sie ihm die Wärme und erneuernde Kraft der Sonne vermittelt, und vom Vater eine Orientierung über die Bedingungen der irdischen Existenz, die Herausforderung des Lebens als Individualität.

Der Weg in die Verkörperung verlangt Tapferkeit, denn die Seele muß denen begegnen, die aus dem irdischen Leben scheiden und oft von der Verfinsterung, die sie erlitten haben, gezeichnet sind. Sie betritt eine Welt, in der die Leiber schwer sind und in der physische Finsternis und Leid herrschen. (Kinder haben manchmal ein tiefes Empfinden für den Unterschied zwischen dem künstlichen Licht als einer Art von Dunkelheit und dem Tageslicht.) Die Zuversicht der Mutter aber bestätigt und unterstützt den Entschluß zur Verkörperung, und dieser wird noch unterstützt durch die Beruhigung, die ihre Milch, ihre Berührung und der Klang ihrer Stimme vermitteln.

Auf diesem Gebiet unseres Verständnisses kommen sich heute die anthroposophische Geisteswissenschaft einerseits und die Psychologie und Soziologie andererseits sehr nahe. Günter Clauser zum Beispiel trägt in seinem bemerkenswerten Buch[3] die Ergebnisse einer Vielzahl von Untersuchungen im Bereich der Embryologie und der frühkindlichen Entwicklung zusammen. Seine zentrale These lautet, daß das Kind im Mutterleib bereits zuhört, und zwar vor allem dem Herzschlag der Mutter. Auf diese Weise bereitet es sich auf das Sprechen vor. Clausers Erörterung ist sehr vielschichtig und umfassend, und nur ein Experte könnte sie in allen Einzelheiten beurteilen, doch läßt sich wiederholt feststellen, daß Zusammenhänge, die Rudolf Steiner zu Beginn dieses Jahrhunderts beschrieben hat, dem aktuellen Erkenntnisstand immer näher rücken. Clauser selbst äußert die Meinung, daß er in dem, was er über das Herz, den Kehlkopf und die Zunge aussagt, Grundelemente des Wissens der alten Ägypter wiederentdeckt hat.

Das Kind also lauscht dem Herzschlag... Jede Mutter hat ihr Herz und ihre Lunge, insoweit diese Organe gesund sind, mit Hilfe des Muts ausgebildet, den sie während ihrer letzten Verkörperung auf der Erde erworben und während ihres Daseins in der geistigen Welt bewahrt hat. Und was ihr Herz während der Schwangerschaft spricht und was ihre von Herzen kommende Stimme dem Kind während der ersten Lebensmonate sagt, das ist die Ermutigung, die es am dringendsten braucht.

Es ist jedoch nicht nur in bezug auf das Kleinkind eine der wesentlichen Eigenschaften der Sprache, daß sie zu ermutigen vermag. Dazu hat sich Martin Buber in einer Weise geäußert, die viel mehr Beachtung verdient:

«In der menschlichen Gesellschaft, auf allen ihren Stufen, bestätigen die Personen, in irgendeinem Maße, einander praktisch in ihrer persönlichen Beschaffenheit und Befähigung, und man darf eine Gesellschaft in dem Maße eine menschliche nennen, als ihre Mitglieder einander bestätigen.

Das Fundament des Mensch-mit-Mensch-Seins ist dies Zwiefache und Eine: der Wunsch jedes Menschen, als das, was er ist, ja was er werden kann, von Menschen bestätigt zu werden, und die dem Menschen eingeborene Fähigkeit, seine Mitmenschen eben so zu bestätigen. Daß diese Fähigkeit so unermeßlich brachliegt, macht die eigentliche Schwäche und Fraglichkeit des Menschengeschlechts aus: aktuale Menschheit gibt es stets nur da, wo diese Fähigkeit sich entfaltet. Wie freilich anderseits der leere Anspruch auf Bestätigung ohne die Andacht zu Sein und Werden je und je die Wahrheit der Existenz zwischen Mensch und Mensch zuschanden macht.

Es ist den Menschen not und ist ihnen gewährt, in echten Begegnungen einander in ihrem individualen Sein zu bestätigen; aber darüber hinaus ist ihnen not und gewährt, die Wahrheit, die die Seele sich erringt, der verbrüderten andern anders aufleuchten und eben so bestätigt werden zu sehn.»[4]

In einer Familie braucht jedes einzelne Mitglied die Bestätigung durch die anderen. Natürlich wird diese nicht nur mittels der Sprache gewährt, und selbst wenn sie sprachlich vermittelt wird, so geschieht das gewöhnlich nicht auf direktem, ausdrücklichem Weg. Selbst unter Erwachsenen wird eine Bestätigung vielmehr in recht allgemeiner Art und Weise durch etwa den Tonfall oder die Klangfarbe des Gesprochenen realisiert. Es ist nicht ganz einfach, Bestätigung zu gewähren. Buber sagt, daß diese Fähigkeit «unermeßlich brachliegt». Laing weist nach seinem Buber-Zitat darauf hin, wie häufig es geschieht, daß in einer Familie die Bestätigung ausbleibt oder in der falschen Weise vermittelt wird. So mag eine Mutter zum Beispiel ihre Tochter dauernd für Eigenschaften loben, die diese nach ihrer eigenen Auffassung weder besitzt noch für wünschenswert hält. Was als Ermutigung gemeint ist, wirkt oft wenig überzeugend oder gar irritierend. Und häufig kommt es auch vor, daß die Familienmitglieder untereinander Beziehungen aufbauen, die von dem Gefühl der Unfähigkeit begleitet sind, sich gegenseitig Wärme zu geben, weil ein Gefühl des Grolls oder der Uneinigkeit übermächtig geworden ist.

Doch das größte Hindernis für die gegenseitige Bestätigung steckt vielleicht in dem, was generell als einer der Feinde für die Rede gilt und im Buddhismus als eitles Geschwätz bezeichnet wird. Die Banalität einer Rede resultiert nicht so sehr aus ihrem Inhalt, sondern vielmehr aus der inneren Einstellung, die dahinter steht. Kleine Gesten wie zum Beispiel das Reichen einer Teetasse, das Kochen eines Eis oder das Öffnen einer Tür müssen nicht banal sein und sollten auch nicht so empfunden werden, denn sie haben immer irgend etwas mit den Beziehungen der Menschen untereinander zu tun; und was zwischen den einzelnen Menschen geschieht oder unterlassen wird, hat Bedeutung für das gesamte Universum. Belanglosigkeit der Rede bedeutet, daß Wesentliches entweder weggelassen oder verkannt wird. Ihren Ursprung hat sie in einer Grundstimmung, die unsere gesamte Zivilisation erfaßt, aber sehr selten klar zu Bewußtsein tritt: die Furcht vor der lebendigen, schöpferischen Welt des Geistes.

Das Kind kommt aus dieser Welt und braucht Mut für sein Leben auf der Erde; der erwachsene Mensch hingegen hat sich insbesondere ab dem Alter von fünfunddreißig Jahren eine Bleibe auf der Erde geschaffen. Ohne sein Wissen hat er vielfach die Angst unserer Zeit eingeatmet, die ihn vom Geist entfremdet. Es ist eine Angst nicht nur vor der geistigen Welt im allgemeinen, sondern vor den geistigen Wesen, die in allem wirken, was uns begegnet – in der Individualität eines anderen Menschen, in den Elementarwesen der Natur und in den Mächten des Schicksals. Wir umgeben uns mit belanglosen Dingen wie mit einer Hülle, damit wir weder sehen müssen noch gesehen werden.

Das Kind dagegen nimmt die Welt ernst. Echter Humor besteht in gewisser Weise darin, sich von den

Selbsttäuschungen bezüglich des wirklich Wichtigen zu befreien, und auch das Kind braucht ihn. Doch in Gesprächen, die eine Atmosphäre des Oberflächlichen verbreiten, sich in eingefahrenen Bahnen bewegen und echte Themen oder tiefe Gefühle vermeiden, kann niemand eine wirkliche Bestätigung seines Seins erfahren. Wenn eine solche Banalität der Rede um sich gegriffen hat – und sie ist in gewissem Umfang beinahe überall zu finden –, so vermag kein einziges Familienmitglied aus eigener Kraft die Situation zu entwirren. Aber jeder kann für sich allein den Versuch unternehmen, aus den Widrigkeiten dieser Inkarnation neuen Mut zu schöpfen im Vertrauen darauf, daß die anderen es auch versuchen werden.

Wissen und Verleumdung

Vor einiger Zeit haben John und Elizabeth Newson, Leiter einer Forschungsabteilung über Kindheitsentwicklung an der Universität von Nottingham, eine Untersuchung der Mutter-Kind-Beziehung am Beispiel einer Vielzahl von Familien in Nottingham durchgeführt. Ihr Buch basiert auf den ausführlichen, in entspannter Atmosphäre stattgefundenen Interviews zwischen den Mitarbeiterinnen der Forschungsgruppe, die selbst alle verheiratete Frauen mit kleinen Kindern waren und keine bestimmten Grundsätze bezüglich der Kindererziehung vertraten, und siebenhundert Müttern aus Nottingham, die Kinder im

Alter von vier Jahren hatten und in bezug auf Beruf und Einkommen größtmögliche Unterschiede aufwiesen. Viele Einzelheiten der Untersuchung geben Aufschluß über das Wirken der Sprache innerhalb der Familie. Die Verfasser weisen darauf hin, wie oft sich die Eltern der Tatsache bewußt sind, daß die Sprache eine wichtige Rolle für den Vorgang des Bestätigens und Ermutigens spielt. Besonders zur Zeit des Schlafengehens, also ehe das Kind allein gelassen wird (was nicht in allen Familien der Fall ist), finden häufig Rituale statt, die genau eingehalten werden müssen und eine überaus tröstliche Wirkung zeigen. Sie bestehen aus bestimmten Handlungen oder Wortfolgen, für die die Mutter möglicherweise kaum eine Erklärung geben kann, obwohl sie bereitwillig dabei mitmacht. «In einigen dieser Sequenzen tauchen spezielle Formeln auf, die immer gleich sind und entweder von der Mutter oder dem Kind, allein oder im Dialog, benutzt werden, und es sind uns viele Beispiele von Ausdrükken und Redewendungen bekannt geworden, die eine nahezu magische Bedeutung für das Kind zu haben scheinen.»[5]

Folgende Beispiele, von Müttern erzählt, werden zitiert:

«Am wichtigsten ist, daß sie nach der Sonne und dem Mond fragt, was bedeutet, daß sie zwei Apfelstücke haben möchte, und zwar ein kreisrundes und ein halbmondförmiges Stück. Ich weiß nicht, wie das angefangen hat, aber es hat sich so eingebürgert.»

«Erst muß ich in die Hände klatschen und rufen

‹Die goldenen zwanziger Jahre!› Dann macht er einen Luftsprung, und ich muß ihn auffangen. Und das muß jeden Abend gemacht werden – ich weiß nicht warum!»

Und es folgt noch ein etwas einsichtigeres, weil sehr typisches Beispiel:

«Wenn ich die Treppe hinuntergehe, sage ich immer: ‹Gut Nacht, behüt dich Gott, bis morgen früh!› Und, wissen Sie, wenn ich bloß sage ‹Gut Nacht›, dann ruft Barry herunter: ‹Mama, du hast es nicht richtig gesagt!› und weint und weint.»

Im Alter von etwa vier Jahren hat das Kind bereits eine erstaunliche Sprachbeherrschung erworben. Sie macht aus ihm einen gewandten Gesprächspartner, den die Mütter in Nottingham sehr zu schätzen wissen. Ehe das Kind zur Schule geht und für einen Großteil des Tages von zu Hause fort ist, hat die Mutter oft die große Chance, Begegnungen mit ihm zu erleben, die möglicherweise für das Leben beider bestimmend sein werden. Wenn das Kind in der Lage ist, ganze Sätze zu bilden, beginnt es, Fragen zu stellen. Mit ihnen versucht es, sein vorgeburtliches Wissen, sein geistiges Erbe, wiederzuerlangen. Die Eltern empfinden die Fragen jedoch oft als sehr überraschend und sind ratlos. Eine der befragten Mütter wurde trotz der Freude, die sie an den Gesprächen mit ihrer Tochter hatte, ärgerlich, wenn deren Fragen kein Ende finden wollten:

«... nicht, daß ich etwas gegen vernünftige Fragen hätte. Aber manchmal fängt es an mit: ‹Woher kommt das und das?›, und dann geht es damit weiter, bis es einfach albern wird und ich nicht mehr weiter weiß, verstehen Sie? So will sie zum Beispiel wissen, wohin das Badewasser fließt. Na, das ist noch einfach, ich lasse es ins Meer fließen, aber dann will sie wissen, wo es von dort aus hinfließt! Langsam benimmt sie sich einfach albern, und das ist der Punkt, an dem wir Streit bekommen.»

John und Elizabeth Newson heben in ihrer Untersuchung hervor, daß sich derartige Fragen oft mit der Zeit befassen, bevor das Kind geboren wurde oder als die Mutter selbst noch ein Kind war – «Wo bin ich damals gewesen?» –, und sie schildern auch die Schwierigkeiten, die die Eltern mit den Fragen ihrer Kinder haben. Manchmal erfindet das Kind selbst Antworten auf seine Fragen und erforscht dann die Reaktion der Eltern darauf.

Könnten die vielen Fragen eines Kindes wirklich zufriedenstellend beantwortet werden, so würden erstaunliche Dinge geschehen. Wenn zum Beispiel ein Elternteil über fundiertes Wissen bezüglich eines bestimmten Themas verfügt, zu Hause ist und zudem sowohl die Bereitschaft zu antworten als auch die Fähigkeit, auf wichtige Fragen sogleich eine passende Antwort zu geben, besitzt – Voraussetzungen, die keineswegs immer erfüllt sind –, so wird eine unglaublich rasche Entwicklung ermöglicht. Gelegentlich bietet das Schicksal Gelegenheiten dazu; es wäre aber nicht immer gut, sie herbeizuführen, auch wenn wir dazu in der Lage sein mögen. Viele Eltern stellen vielleicht bei einem Rückblick fest, daß sie viel mehr hätten tun können und daß sie es vor allem hätten besser machen können, wenn ihnen stets bewußt gewesen wäre, daß ihr Kind ein latentes Wissen mitbringt, das möglicherweise viel umfassender ist als das ihre. Wir alle geben unseren Kindern so oft Antworten, die in Wahrheit keine sind. So mag ein Vater die Frage «Was ist ein Regenbogen?» mit einem Satz wie «Es ist nur eine optische Täuschung; dein Lehrer wird dir das schon erklären, wenn du älter bist» beantworten. Und auch bei allergrößter Geduld ist eine Mutter vielleicht häufig zu dem Ausspruch «Ich weiß nicht» verleitet. Dann trägt das Kind aber das Gefühl in sich: «Da ist etwas Wichtiges, das ich wissen sollte.» Und allmählich verbindet sich mit diesem Gedanken ein weiterer: «Aber niemand ringsum weiß es, oder wenn sie es wissen, dann sagen sie es mir nicht.» Rudolf Steiner schildert in seiner Autobiographie, daß er als Kind mit vielen Fragen lebte, die unbeantwortet bleiben mußten.

Die Eltern können jedoch eine große Hilfe leisten, wenn sie Verständnis dafür haben, daß insbesondere ganz kleine Kinder in allem nach den «Tätern» forschen. Das Badewasser, das ins Meer fließt, ist froh, aus dem Leitungsrohr heraus zu sein und am Tanz der Wellen und Fische teilzunehmen... Natürlich muß der Vater oder die Mutter überzeugt von dem sein, was sie antworten, denn in Wahrheit steckt auch hinter dem, was wir als Ding bezeichnen, ein Täter. Eine Beschäftigung mit der anthroposophischen Geisteswissenschaft kann dabei überaus hilfreich sein, vorausgesetzt sie bringt uns dazu, in allem Sichtbaren das Tun und die Erfahrung geistiger Wesenheiten zu spüren – ihren kühnen oder sanften Mut in der Luft, ihre Empfindsamkeit in allem Wasser, das es auf der Erde gibt, ihre allgegenwärtigen Gedanken und Absichten. Das Kind kommt aus einer Welt des Seins, in der es keine Dinge gibt, und es braucht einige Zeit, um sich an die Dinglichkeit zu gewöhnen. Der Erwachsene lacht darüber, weil er nicht erkennt, daß das Kind allmählich einer Täuschung verfällt, deren Opfer er selbst schon längst geworden ist, nämlich der, daß die Welt lediglich aus wesenloser Materie bestehe.

Die Sprache hat ihren Ursprung im Ausdruck dessen, was Wesen tun und was ihnen widerfährt. Steiner bezeichnet die Ursprache der Menschheit als eine «Willenssprache»; sie drückt vor allem das Willensverhältnis des Menschen zu seiner Umgebung aus, die ihn entweder bedroht, ihm Schutz bietet oder ihn zu den verschiedensten Handlungsweisen veranlaßt. Was wir uns klar und deutlich vorstellen, war damals vielleicht in einem einzigen Wort gegenwärtig: das göttliche Wesen etwa, das eine Handlung inspiriert, derjenige, der die Handlung ausführt, die Handlung selbst und das Ziel dieser Handlung – oder vielleicht etwas, das wir in einem Satz wie dem folgenden ausdrücken müßten: «Das göttliche Wesen segnet durch mich die Erde, auf der wir stehen, damit wir darauf bauen können.»[6]

Wenn wir den Ursprung mancher Wörter zurückverfolgen, und zwar sowohl ganz alltäglicher als auch ganz abstrakter Begriffe, stoßen wir meist auf ein recht konkretes Tun (wenn wir dabei auch vielen Argumenten dafür und dagegen begegnen mögen). Unzählige Wörter gehen beispielsweise auf Formen des Stehens oder Sitzens zurück. Solche Handlungen waren keineswegs nebensächlich, denn um stehen oder sitzen zu können, mußte der Mensch das Gefäß großer geistiger Kräfte werden – derjenigen nämlich, die wirklich wußten, wie man steht und läuft oder aber zu Gericht sitzt. Wenn wir das Wort «Grab» hören, sind wir bei dem Gedanken an seine Bedeutung von der Trauer und Feierlichkeit des Todes erfüllt; doch das Wort hat seinen Ursprung in der Beziehung des Willens zwischen dem Menschen und der Erde, in die er ein Loch gräbt. Wenn ein Kleinkind im ersten Lebensjahr vor sich hin babbelt, dann stellen diese Laute und die Freude an der Bewegung einen einfachen Willensakt dar. Untersuchungen haben gezeigt, daß in einem solchen Gebabbel sämtliche Laute der menschlichen Sprache vorkommen können; es besitzt also eine wesentlich größere Bandbreite als die Muttersprache, die das Kind hört und erlernen wird. Dann folgt meist eine Pause, und danach, für gewöhnlich während der ersten Monate des zweiten Lebensjahres, werden *Namen* gesprochen. Diese Namen haben jedoch viel von der uranfänglichen Willenssprache an sich; sie bezeichnen Menschen und Dinge als Täter und nehmen unmittelbaren Bezug auf die kindlichen Bedürfnisse und Erfahrungen. Karl König hat geschildert, daß um den dreizehnten oder vierzehnten Lebensmonat herum die Silbe «Miie» folgende Bedeutungen haben kann: 1. Ich möchte Milch; 2. Ich will keine Milch; 3. Gib mir die Milch; 4. Wie gut die Milch schmeckt; sie kann aber sogar auch die Wolken bezeichnen, die manchmal milchweiß sind. So hat einmal ein kleiner Junge diesen Alters beim allerersten Anblick des Meeres eines der Wörter ausgerufen, die er gerade gelernt hatte, nämlich: «Tür!»

Es ist zu diesem Zeitpunkt entscheidend, ob die Mutter und andere Menschen in der Umgebung des Kindes Verständnis dafür haben, daß das Kind in offensichtlich verschiedenen Dingen ein allgemeines Tun sieht, und es nicht auf pedantische Weise verbessern oder seine Äußerungen für dumm halten. Die Worte, die die Mutter selbst benutzt, sind für das Kind so großartig und kostbar, wie es früher ihre Milch gewesen ist; und sie kann sich und das Kind als aktiv Beteiligte an der Entwicklung einer eigenen Sprache erleben, die wiederum Teil der Sprache der gesamten Menschheit ist.

Worin besteht diese spezielle Sprache? Ehe das Kind geboren wurde, lebte es in der großen Gemeinschaft der Engel. Während es an dem Licht teilhatte, das um sie webt, erhielt es von den Engeln die notwendige Vorbereitung für seine irdische Existenz als denkendes Wesen. Und es schaute zu ihren Führern, den Erzengeln, hinauf und nahm von ihnen all das in sich auf, was es als Vorbereitung für den Spracherwerb braucht. Während seiner Existenz in einem irdischen Leib hat das Kind nun an der gesamten Atmosphäre des Sprechens und Hörens teil, die um die Erde bereitet ist, und es begegnet erneut dem Wirkungsbereich der Erzengel. Einem von ihnen stand es auf seinem Abstieg zwischen Sonne und Erde eine Zeitlang besonders nahe, dem Sprachgeist nämlich, der auf jenen Teil der allumfassenden Sprache der Menschheit eingewirkt hat, den das Kind sich auf Erden zuerst aneignen wird.

Obgleich nur wenige Menschen ein Bewußtsein von diesen Dingen haben, ist es Aufgabe der Eltern, Lehrer und aller anderen, die mit Kindern umgehen, sie bis zum Jugendalter zu einem neuen Zusammenhang mit den Erzengeln, den Sprachgeistern, hinzuführen. Gemeint ist die Fähigkeit, den Erzengeln während des Schlafs zu begegnen. Ob dies gelingt, hängt davon ab, daß das Kind wahren Idealismus in der Sprache vorfindet, die es rings um sich hört.

Eine englischsprachige Mutter (und Entsprechendes ließe sich auch für andere Sprachen ausführen heutzutage) steht dabei vor einem ganz besonderen Problem. Sie spricht nämlich ständig zwei Sprachen gleichzeitig, die nicht zu einer völligen Einheit verschmolzen sind. Obgleich sie sich dessen kaum bewußt sein mag, existiert zwischen den Wörtern germanischen Ursprungs und denen, die aus dem Lateinischen stammen, immer ein gefühlsmäßiger Unterschied. Wenn Ideale in Worten lateinischer Herkunft ausgedrückt werden, haben sie eine gewisse Distanz, während sich mit originär englischen Wörtern ein Gefühl des Alltäglichen und Phantasielosen verbindet. Durch diese Kluft kann der Leugner der Existenz von Idealen (den wir als real wirkende Macht mit Ahriman identifizieren können) eindringen. Die originär englischen Wörter müssen also erhöht und die lateinischen beseelt werden, damit das Wissen, das in beiden verborgen ist, freigesetzt werden kann.

Der große Widersacher des weisheitsvollen Wissens in der Rede ist die Herabsetzung von Menschen und Dingen, die als Verleumdung bezeichnet worden ist. Für sie gibt es ein weites Betätigungsfeld; so kann etwa die Natur verleumdet werden, indem irgendein Tier «widerlich» oder «unnütz» genannt wird oder indem wir von «scheußlichem Wetter» sprechen. Bei der gesamten Betrachtungsweise, für die der nützliche Begriff «Reduktionismus» geprägt worden ist – «dies ist bloß ein konditioniertes Verhalten», «jenes bloß ein biologischer Mechanimus», «Farben sind bloß Unterschiede in der Wellenlänge des Lichts» usw. –, handelt es sich in diesem Sinne um eine Herabsetzung der Welt. Im Bereich der Familie nimmt sie wahrscheinlich ihren Anfang in verächtlichen Bemerkungen über bestimmte Einzelpersonen oder Gruppen. Mütter empfinden oft deutlich, daß sie in Anwesenheit kleiner Kinder nicht verächtlich sprechen sollten. Dennoch ist es sehr schwierig, ein solches Verhalten zu vermeiden, denn vermutlich gibt es nichts, was so leicht nachzuahmen ist wie die Verachtung.

Wenn man Kritik an jemandem oder an etwas übt, so setzt das immer eine Idealvorstellung voraus. Die Aussage «Er ist kein guter Ehemann» impliziert eine Vorstellung davon, wie ein Ehemann zu sein hat. Ahrimans Trick gelingt etwa so: Erst wird das vergebliche Bemühen eines Menschen, einem Ideal zu entsprechen, hervorgehoben, und dann werden zwei Schlußfolgerungen daraus gezogen: 1. Niemand ist vollkommen, und 2. alle Ideale sind unrealistisch und daher Täuschungen. Die schlimmen Folgen, die das Fehlverhalten eines Menschen haben kann, werden festgehalten, während gleichzeitig die Gültigkeit des Maßstabs für die Beurteilung des Tuns in Zweifel gezogen wird.

Wenn Kinder unter sich sind, drücken sie oft nach vielen Seiten grenzenlose Verachtung aus. In ihrer Mitte mag sich ein Kind, in dem das latente Wissen zum Bewußtsein kommt, sehr einsam fühlen. Und manche Kinder sehen einen Schatten, der die anderen zeitweilig begleitet, eine dunkle Gestalt, die Fausts Mephisto, dem Spötter und Ankläger, ähnelt.

Ahrimans Trick besitzt große Macht, weil Ideale häufig von einer anderen geistigen Region, der Luzifers nämlich, stammen und daher so unrealistisch sind, wie er uns eingibt.[7] So wird in Familien endloses Unheil dadurch angerichtet, daß ein unerreichbares Idealbild wie das der perfekten Mutter, des perfekten Vaters, der perfekten Tochter, des perfekten Sohns usw. als Norm gilt und die Mitglieder der Familie an diesem Anspruch gemessen werden. Was in einer Familie an religiösen Praktiken weiterlebt, zum Beispiel die Gebete vor dem Schlafengehen, sollte nichts Luziferisches an sich haben, aber dennoch an wahren Idealen orientiert sein. (Die Newsons fanden heraus, daß mindestens 12% der befragten Kinder beteten, bevor sie sich schlafen legten.) Rudolf Steiners Gebete für Mütter und Kinder, die in vielen Familien inzwischen Eingang gefunden haben, waren ursprünglich zu verschiedenen Zeiten für bestimmte Familien oder bestimmte Kinder niedergeschrieben worden. In diesen Gebeten erscheint das Göttliche als etwas, das sich durch die Menschen auf der Erde, durch Tiere, Pflanzen, Steine, Sonne und Sterne offenbart. So heißt es in dem beliebten Abendgebet:[8]

> Vom Kopf bis zum Fuß
> Bin ich Gottes Bild,
> ...
> Wenn ich Gott erblick'
> Überall, in Mutter, Vater,
> In allen lieben Menschen,
> In Tier und Blume,
> In Baum und Stein ...

Vielleicht läßt sich behaupten, daß Eltern, die in Anwesenheit ihrer Kinder keine Kritik an anderen üben, der gefährlichen Illusion, daß alle Menschen gut, verläßlich und weise sind, Vorschub leisten. Die Erkenntnis des Bösen und der menschlichen Unzulänglichkeit braucht jedoch weder Verachtung noch Bitterkeit mit sich zu bringen. So wie wir beim Lösen eines Schachproblems erst den Standort jeder einzelnen Figur auf dem Schachbrett kennen müssen, können wir erst dann wirkliches Verständnis für einen Mitmenschen haben, wenn wir spüren, daß Fähigkeiten und Beschränkungen, gute Eigenschaften und

Schwächen und vielleicht sogar destruktive Impulse in ihm so sind, wie sie sind, und sich auf geheimnisvolle Weise gegenseitig bedingen. Echte alte Märchen und die großen Klassiker der Kinderliteratur schildern das Böse und die Torheit äußerst wirklichkeitsnah, doch sie wissen, daß der Bösewicht und der Narr beide einen notwendigen Platz einnehmen – sowohl in uns als auch in der Welt ringsum.

Kinder gewinnen viel, wenn sie entdecken, daß ihre Eltern oder andere Erwachsene, mit denen sie häufig Kontakt haben, wirklich davon überzeugt sind, daß das Gute und die Fähigkeiten im Menschen überwiegen und daß die Häuser, in denen wir wohnen, das Essen, das wir zu uns nehmen, die Züge, Busse und Autos, mit denen wir reisen, die Rohre, die uns das Wasser bringen und wieder mit sich fortnehmen, die elektrischen Leitungen, beinahe alles, was wir gebrauchen, von der gewissenhaften Arbeit bestimmter Menschen zeugt, von Menschen, die die Kinder kennenlernen und verstehen können.

Besonnenheit und Wahrhaftigkeit

Wenn Menschen in einer kleinen Gruppe zusammenleben und sich über einen beträchtlichen Zeitraum hinweg ziemlich regelmäßig sehen, entsteht eine tiefe wechselseitige Beeinflussung ihres Lebensgefüges oder, genauer gesagt, zwischen jedem einzelnen Äther- oder Lebensleib, in dem unser Temperament, unsere Erinnerungen und Gewohnheiten ihren Sitz haben. Solche

Gruppen entwickeln – die eine mehr, die andere weniger ausgeprägt – eine Art gemeinsamen Lebensleib, an dem jeder einzelne beteiligt ist. Dies betrifft vor allem die Familie. Ihr gemeinsamer Ätherleib zeigt sich zum Beispiel in bestimmten gemeinsamen Verhaltensweisen, deren sich die einzelnen Familienmitglieder oft kaum bewußt sind, bis sie einer anderen Gruppe begegnen, die über völlig gegensätzliche Gewohnheiten verfügt.

Der Ätherleib ist zählebig, aber nicht statisch; er ist in ständiger strömender Bewegung begriffen, kann aber nur schwer bewußt beeinflußt werden. (Ein einfaches Beispiel dafür ist oft der Versuch, mit dem Rauchen aufzuhören. Da mag jemand die Feststellung machen, daß langsame oder auch plötzliche Veränderungen des eigenen Verhaltensmusters manchmal durchaus wie von selbst geschehen, daß es jedoch harte Arbeit bedeutet, eine solche Veränderung *willentlich* herbeizuführen.) Es ist kennzeichnend für den Organismus des Familienlebens, daß durch ihn alle Extreme in bezug auf das Temperament oder die Verhaltensweisen gebändigt und relativiert werden. So scheinen sich beispielsweise extreme Melancholie oder ein extrem cholerisches Temperament selbst zu verhindern (obgleich es Familien gibt, die es als lustig empfinden, kleine Kinder zu heftiger Wut anzustacheln). Für den extremen Sanguiniker bedeutet das Familienleben den Zwang zu einer gewissen Beständigkeit, und den Phlegmatischen regt es zu ungewöhnlicher Aktivität an. Und in den Fällen, in denen die Familie insgesamt einem bestimmten Temperamentstypus angehört – wenn also zum Beispiel jedes einzelne Mitglied der Familie in gewisser Hinsicht zu einer stark sanguinischen Veranlagung neigt –, bringt das Leben selbst deutliche Korrekturen mit sich.

Im unsterblichen Wesenskern des Kindes ist ein Erbe an Maß, an Besonnenheit vorhanden – eine Eigenschaft, die heute wenig an Ansehen und Glanz genießt. Und doch sollte die Besonnenheit, die Fähigkeit, Maß halten zu können, als Tugend gesehen werden, die ebenbürtig im Gefolge von Weisheit und Tapferkeit auftreten kann, wie dies etwa bei der Jungfrau von Orléans oder dem schottischen König Robert I. Bruce der Fall gewesen ist. Sie hat nichts mit Furchtsamkeit zu tun, sondern bedeutet vielmehr eine Wiederherstellung der menschlichen Würde, die durch alle Extreme bedroht ist, und beinhaltet die Fähigkeit, beherrscht alles Gute entgegenzunehmen, das uns im Leben widerfährt.

In diesem erweiterten Sinn ist die Besonnenheit auch ein Grundelement im Aufbau und Wesen der menschlichen Sprache. So verhält es sich seit der Urzeit – seit jener Zeit, die in der Terminologie der Anthroposophie den Namen «Atlantis» erhalten hat. Ein Schmerzensschrei und ein Wutgebrüll werden dadurch gemäßigt, daß der Schmerz oder die Wut im gesprochenen Wort Ausdruck findet. Eine Mutter sehnt den Augenblick herbei, in dem das Baby anfängt, sich zu erklären und ihre Erklärungen zu verstehen, auch wenn sie oft genug die Feststellung machen muß, daß der Prozeß des Erklärens, des Gesprächs genauso mühselig und langwierig ist wie das, was ihm vorausgegangen ist. Das gesamte Leben hindurch tragen die Worte und Stimmen besonnener Menschen dazu bei, alle möglichen Stürme zu besänftigen.

Dabei erweist sich jedoch das Schweigen, das ein Teil der Rede ist, als überlegen. Jemand, der Zorn empfindet, ist wahrscheinlich zunächst von diesem Gefühl erfüllt, dann findet er in Gedanken erbitterte Worte, schreibt einen Brief und zerreißt ihn anschließend. Mit jedem Stadium wird er ruhiger und zeigt mehr Bereitschaft, das, was geschehen ist, auch unter anderen Gesichtspunkten zu sehen. Nicht zu sprechen, wenn man der starken Versuchung dazu ausgesetzt ist, das ist immer schon als geistige Übung in der okkulten Schulung praktiziert worden, und es hat in Mozarts *Zauberflöte* einen unvergleichlich lebendigen und humorvollen Ausdruck gefunden. Nicht zu sprechen, wenn man weiß oder zumindest ahnt, daß man im Recht ist, wenn man sich eine perfekte Entgegnung ausgedacht hat, wenn... und so weiter – dazu bietet jeder Tag eine Fülle von Gelegenheiten.

Wenn Eltern und ältere Menschen der Aufforderung zu einem beredten Schweigen im wahrsten Sinne des Wortes Folge zu leisten vermögen, so hilft dies den Kindern sehr dabei, echte Besonnenheit zu entwickeln. Oft jedoch verhält es sich mit der Rede innerhalb der Familie wie mit einem Territorium, das sich Vögel oder andere Tiere abstecken: Jedes Familienmitglied nimmt soviel Redezeit in Anspruch, wie es erfolgreich verteidigen kann. (Ich kannte einmal eine Familie, die das Problem dadurch zu lösen schien, daß alle Mitglieder zur gleichen Zeit redeten, wie ein Quintett von Streichinstrumenten.) Es ist keineswegs hilfreich, sich erschöpft oder resigniert zurückzuziehen. Aber es kann einen sehr heilsamen Effekt haben, wenn man den Drang zu zügeln versucht, bestimmte Informationen weiterzugeben, aus einem Streitgespräch als Sieger hervorgehen zu wollen oder das auszusprechen, was man empfindet, nur weil man es empfindet. Die Jüngeren haben ein Verlangen danach, zu erfahren, was die Älteren wirklich erlebt haben, aber sie stoßen auf unüberwindlichen Widerstand. Das, was wir Alten am liebsten erzählen, die abgedroschenen Erinnerungen und lustigen Begebenheiten nämlich, wollen die anderen möglicherweise am wenigsten hören.

Und letztendlich geht es dabei um die Wahrheit. Was einmal in einer bestimmten Situation aufrichtig gemeint gewesen ist, entspricht vielleicht das nächste Mal nicht mehr der Wahrheit. Nur Dinge von allergrößter Bedeutung können ihre Wahrheit trotz häufiger Wiederholungen behalten, doch auch in diesem Fall müssen wir sowohl auf die richtige Zeit als auch die richtige Umgebung warten. Und wenn wir heilige Schriften lesen, müssen wir auf die Stellen achten, in denen nichts gesagt wird, zum Beispiel auf das grenzenlose Schweigen des Buddha oder die schöpferischen Gesprächspausen der vier Evangelien.

Hinter jeder Lügenhaftigkeit steckt irgendeine Art

von Unbesonnenheit, eine unnötige Beharrlichkeit etwa oder eine unnötige Angst. Jedes Mitglied einer Familie besitzt, nachdem es den Kinderschuhen entwachsen ist, vieles, was ausschließlich ihm gehört; es fürchtet jegliches Eindringen von außen in diesen Bereich und legt vielleicht falsche Spuren, um ihn abzuschirmen. Was möglicherweise als Prahlerei oder Härte erscheint, mag auch eine Art Verteidigungshaltung sein. Für die Grundstimmung einer Familienseele, an der jedes einzelne Familienmitglied aktiv teilhat, ist es notwendig, eine bestimmte Bereitschaft zu besitzen, die auch recht häufig anzutreffen ist, die Bereitschaft nämlich, sowohl miteinander zu sprechen als auch den Privatbereich jedes einzelnen zu respektieren. Dieses empfindliche Gleichgewicht wird jedoch durch Einflüsse, die das Gespräch miteinander insgesamt verfälschen, ernsthaft gestört.

In der heutigen Zeit ist es vor allem der Alkohol, der großen Schaden anrichten kann. Seine Wirkung richtet sich anfänglich vor allem gegen die innersten und wesentlichsten Eigenschaften des Menschen, gegen das Gewissen, das klare Urteilsvermögen und das echte Gefühl; und auch die Selbstbeherrschung schwindet, noch bevor die äußeren Zeichen der Unsicherheit in den Bewegungen sowie der Beeinträchtigung des Sprechvermögens erkennbar werden. So ausgeglichen und urteilsfähig jemand auch sein mag, nach dem Genuß von Alkohol beginnt er diese Eigenschaften zu verlieren, ja er besitzt bald nicht einmal mehr die Fähigkeit, eine derartige Veränderung festzustellen.

Überall dort, wo viel Alkohol getrunken wird, schleicht sich eine gewisse Lügenhaftigkeit ein, die verheerende Auswirkungen auf das Gespräch in der Familie hat.[9]

Ein weiterer Einfluß, der die Familie derzeitig auf eine schwere Probe stellt, geht vom Fernsehen aus. Es trägt das Weltgeschehen in das Familienleben hinein und scheint ersehnte Kontakte zu allen möglichen Menschen zu vermitteln. Wenn es das Fernsehen plötzlich nicht mehr gäbe, fühlten sich viele Familien entsetzlich verwaist und isoliert. Doch die Welt wird, so wie sie auf dem Bildschirm erscheint, verfälscht, und selbst die aufrichtig empfundene Beziehung zu einer Person aus der Welt des Fernsehens basiert auf nicht viel mehr als bloßem Schein. Daraus erwächst den Eltern eine Aufgabe, die äußerst wachsame Besonnenheit verlangt. Ein völliger Ausschluß des Fernsehens würde die Kinder in manchen Lebensabschnitten von ihren Altersgenossen isolieren, ein Zuviel an Fernsehen bedeutet dagegen immer die Gefahr, daß die Kreativität erlahmt und die Maßstäbe für die selbständige Beurteilung der Welt verlorengehen. Was wir brauchen, ist die Fähigkeit, klar zwischen der Wirklichkeit und ihrer bloßen Reproduktion zu unterscheiden. Dazu kann die Kunst eine Hilfe sein, denn sie erhöht die Bildekräfte, die Lebenskräfte der Familie, insbesondere dann, wenn die künstlerische Betätigung von den Familienmitgliedern selbst ausgeführt werden kann, wie etwa durch gemeinsames Musizieren, beim Bemalen einer Wand oder im Vorlesen von Gedichten.

Trotz all ihrer Größe ist die Kunst vergangener Zeiten jedoch weniger dazu geeignet, es sei denn, es würden neue Entdeckungen an ihr gemacht.

All diese Dinge wirken sich auf die Belebung des Wahrheitsgespürs, der Wahrhaftigkeit und auf die Entwicklung echter Besonnenheit im Umgang mit den Gegebenheiten des Lebens aus. Diejenigen, die heute jung sind, bringen ein starkes und reiches geistiges Erbe mit sich, und es hängt viel davon ab, wie dieses Erbe angenommen wird.

Gerechtigkeit und die Macht, verletzend zu sein

Ein erfahrener Lehrer aus Kalifornien hat einmal in bezug auf die vier platonischen Tugenden – Weisheit, Tapferkeit, Besonnenheit und Gerechtigkeit – gesagt, daß er bei seinen etwa fünfzehn bis zweiundzwanzig Jahre alten Schülern am ehesten den Sinn für Gerechtigkeit zu erkennen vermochte. Doch es existiert nicht nur ein unmittelbares, beunruhigendes Bewußtsein für die Ungerechtigkeit in der Welt, sondern auch ein tatkräftiges Bemühen, die Folgen dieser Ungerechtigkeit, zum Beispiel was Reichtum und Rassenzugehörigkeit betrifft, wiedergutzumachen.

Immer schon, die gesamte Menschheitsgeschichte hindurch, findet die erste Begegnung mit Problemen der Gerechtigkeit bereits in der frühen Kindheit, im Kreis der eigenen Familie, statt. Die Eltern von heute sind sich ihrer Verpflichtung, Kindern gegenüber fair zu sein, sehr bewußt. Daher geschieht es recht selten, daß eine Mutter so spricht, wie es bei einem der Interviews in Nottingham der Fall gewesen ist. Die befragte Mutter hat eine vierjährige Tochter und einen Sohn im Alter von drei Jahren:

«Also, sie hat sich irgendwie zurückgezogen, denn wir hatten nicht furchtbar viel miteinander zu tun, als Bobby kam; damals war sie ja bloß ein Jahr alt, na ja und er als einziger Junge – Sie wissen schon. Sie war halt mehr oder weniger ausgeschlossen, er war immer im Mittelpunkt. Seit ich aber gemerkt habe, daß sie eifersüchtig ist, ist es ein bißchen anders geworden, sie hat viel geweint, wissen Sie, aber sie ist halt das fünfte Rad am Wagen gewesen, der Außenseiter der Familie.»[10]

Immer wieder stellt eine Mutter vielleicht fest, daß in ihren Gefühlen für die Kinder hartnäckige Unterschiede bestehen, die sie trotz aller Bemühungen nicht völlig vor den Kindern zu verbergen vermag, auch wenn ihr bewußt ist, daß ein lebenslanges Gefühl des Liebesentzugs bei einem oder mehreren von ihnen die Folge daraus sein kann. Möglicherweise muß dann der Vater schon zu einem sehr frühen Zeitpunkt helfen, wieder ein Gleichgewicht herzustellen.

Das Kind trägt tief in sich ein unbewußtes, aber dennoch äußerst reges Gespür für den ewigen Vater-Geist, der jedem Wesen seinen Platz in Raum und Zeit zuweist. Daher betrachtet das Kind ältere Personen und insbesondere seinen irdischen Vater als jemanden, der in gewisser Weise stellvertretend für diesen Geist steht. Ein ganzes Volk hat seinen Stammvater Abraham unter einem solchen Aspekt zu sehen vermocht. In dieser Hinsicht müssen der jeweilige irdische Vater und die irdische Mutter die immer wieder neu auflebenden Erwartungen ihres Kindes enttäuschen. Was sie indes zu geben in der Lage sind, das wird mit größter Dankbarkeit entgegengenommen.

Unter sich bzw. im Kontakt zu anderen, mit denen sie spielen und raufen, stoßen Kinder auf schwierige Situationen, in denen sie nach dem Vater oder der Mutter rufen, damit diese einen Streit schlichten. In manchen Fällen werden große Anstrengungen unternommen, um etwas zu klären und aus der Welt zu schaffen; in anderen dagegen erhalten die Kinder vielleicht bloß die Antwort: «Macht das unter euch aus!» Beidesmal wird jedoch die gesamte Haltung der Eltern Problemen der Gerechtigkeit gegenüber weitreichende Folgen haben, und sehr viel hängt dabei von der Fähigkeit der Kinder und Erwachsenen ab, sowohl die Schwierigkeiten selbst als auch die Antworten darauf in die richtigen Worte zu fassen.

Ein selbstloses Urteil zu fällen ist vielleicht die höchste Aufgabe der menschlichen Rede. So ist es in diesem Zusammenhang von Bedeutung, daß der Urteilsspruch, den diejenigen Personen zu hören bekommen, die in Shakespeares *Sturm* widerrechtlich die Macht an sich gerissen haben und einen Mordanschlag planten, nicht von Prospero selbst, sondern vom Luftgeist Ariel gefällt wird:

Ihr seid drei Sündenmänner, die das Schicksal
(Dem diese niedre Welt und was darin ist,
Als Werkzeug dient) der nimmersatten See
Hier auszuspein gebot, auf dieser Insel,
Die unbewohnt von Menschen ist, denn ihr taugt
Gar nicht zum Leben unter Menschen.[11]

Wenn urteilende Worte nicht selbstlos ausgesprochen werden, so können sie verletzend sein. Immer wieder läßt sich hinter bitteren und verletzenden Worten jeglichen Inhalts ein enttäuschter Gerechtigkeitssinn erkennen, dem nicht entsprochen worden ist. Wenn Hamlet «Dolche» zu seiner Mutter redet, dann tut er dies aus der Überzeugung heraus, daß die maßlose Ungerechtigkeit, die seinem Vater widerfahren ist, ihre Zustimmung gefunden hat – und nicht weil er glaubt, daß Gott oder der Mensch je wiedergutmachen könnte, was geschehen ist.

Unser Wille, gerecht zu sein, ist in jenem ewigen innersten Kern unseres Wesens lebendig, der auch Weisheit, Tapferkeit und Besonnenheit von Leben zu Leben übermittelt. Und der Schmerz über ein erlittenes Unrecht – insbesondere von seiten des Vaters oder der Mutter – weckt eine schicksalhafte Angst: «Werde ich in meinem Alltag besser handeln können? Oder werde ich auch ungerecht sein und mich im Innersten verleugnen?»

Überall dort, wo furchtbare Gewaltanwendung geschieht und Menschen wahllos verwundet werden, stehen hinter diesen Taten viele, die sich als Vertreter einer ungerecht behandelten Nation oder Gruppe betrachten und meinen, daß ihr Tun dadurch gerechtfertigt sei. Solche Vorkommnisse stellen die Menschen auf eine harte Probe, nicht in Zorn zu geraten, weil dies unausweichlich weitere Gewaltanwendung nach sich zieht, sondern geduldig auf das Gute zu vertrauen, das in jeder Nation oder Gruppe potentiell vorhanden ist.

Ähnliches geschieht im kleinen auch innerhalb der Familie. Jemand, der einen geistigen Pfad einschlägt, stößt vielleicht auf folgende Worte aus Mabel Collins' *Licht auf den Weg:* «Eh' vor den Meistern kann die Stimme sprechen, muß das Verwunden sie verlernen.» Und ein solcher Schüler auf dem geistigen Pfad mag sich daraufhin sagen: «Vielleicht gelingt es mir im allgemeinen tatsächlich, niemanden durch meine Worte zu verwunden – aber werde ich das je bei all den kleinen und großen Spannungen in meiner Familie schaffen?» Jene Mutter aus Nottingham, die bei ihrer Befragung sagte: «Erst spreche ich freundlich zu ihnen, aber es endet immer damit, daß ich wie eine Verrückte brülle», hat stellvertretend für viele andere gesprochen.

Ein Satz aus Rudolf Steiners Kommentar zu Mabel Collins' *Licht auf den Weg* deutet die Richtung an, in der Hoffnung zu finden ist: «Und solang du deinen Wunsch einem einzigen Ding aufdrückst, ohne daß dieser Wunsch aus dem Dinge selbst geboren ist, solange verwundest du das Ding.»[12] Urteilende Worte sind dann verletzend und können nicht helfen, wenn der Sprecher seine Wünsche zu sehr in den Vordergrund stellt. Dann hat Luzifer, der Herr der Wünsche, in ihm noch nicht ausreichend den Christus erblickt.

Wenn wir Gerechtigkeit üben, gehen wir für gewöhnlich von der Auffassung einer Gleichheit aus; dann differenzieren wir je nach den speziellen Bedürfnissen und Ansprüchen der betreffenden Personen; und danach versuchen wir, diese Differenzierung wieder dem Grundsatz der Gleichheit anzupassen. Ein solcher Prozeß vollzieht sich ständig innerhalb der Familie; er spiegelt im kleinen die großen kosmischen Vorgänge wider. Im Johannesevangelium begegnen wir dem großartigsten Ausdruck, den der gemeinsame Anfang der Menschen im Wort und ihr gemeinsames Ziel je gefunden haben, und dort erfahren wir auch von der großen Verschiedenheit, die die Menschen als Individuen haben, wenn Christus jedem einzelnen gegenüber genau die Worte wählt, die der Betreffende braucht, um wieder zu seinen universalen Aufgaben zurückzufinden.

Heute kann sich das Wort nur weiterentwickeln, wenn wir zu empfinden und zu vollenden beginnen, was Rudolf Steiner beschrieben hat: daß es an uns ist, mit den Erzengeln gemeinsam zu wirken, damit die Sprache durch ein echtes imaginatives Verständnis des Vaters, des Sohnes und des Heiligen Geistes neue Weihe erhält.

Alter und Schicksal

Es war unter anderem die Begegnung mit einem Greis, die, als Beweis für das Leid in der Welt, den späteren Gautama Buddha in seiner Jugend dazu veranlaßte, aus der Geborgenheit des heimatlichen Palastes zu fliehen, um sich auf die Suche nach der Weisheit zu begeben. In seinen Unterweisungen machte er immer wieder einsichtig, daß «das Alter leidvoll sei». Um die Ursache für das Leiden, das Verlangen nach Leben, zu beheben, lehrte er den heiligen achtgliedrigen Pfad.

Jene mehr als fünfhundert Jahre vor Christi erteilte Lehre des Buddha besitzt, Rudolf Steiner zufolge, selbst eine Reife, wie sie nur im hohen Alter anzutreffen ist. Steiner hat aber auch dargestellt, wie sich der Geist Buddhas dadurch verjüngte, daß er von der geistigen Welt aus an der Geburt des Jesuskindes teilnehmen konnte.[1]

Über den achtgliedrigen Pfad als solchen hat sich Rudolf Steiner schon zu Beginn seiner Tätigkeit als Geisteslehrer geäußert. In seinem Buch *Wie erlangt man Erkenntnisse der höheren Welten?* schildert er ihn im Zusammenhang mit der Entwicklung eines der geistigen Wahrnehmungsorgane des Menschen, der «sechzehnblättrigen Lotusblume» in der Nähe des Kehlkopfes. Für seine vor 1914 bestehende esoterische Schule hat Rudolf Steiner den Pfad in etwas veränderter Form benutzt, indem er dessen einzelne Schritte den einzelnen Wochentagen zuordnete.[2] Und im dritten Vortrag über das Lukasevangelium beschreibt Rudolf Steiner den Pfad im Hinblick auf seine Bedeutung für die Lehre des Buddha im ganzen. Wenn diese Darstellungen auch alle recht kurz sind, so lassen sie dennoch deutlich erkennen, daß der Pfad auch für die heutige Zeit gültig ist, daß er selbst in ferner Zukunft für die Menschen bedeutsam sein wird, ja, daß er von ihnen als Bestandteil ihrer innersten Anliegen mehr und mehr weiterentwickelt werden wird.

Richtige Meinung (Samstag)

Die Lehre des Buddha sieht im Nicht-Wissen, *avidya*, den Uranfang der Kette des Niedergangs, die von der Entstehung des Daseinsdurstes bis hin zu allen möglichen Formen des Leidens reicht. Daher beginnt der Pfad mit der rechten Meinung, der richtigen Vorstellung, durch die die Unwissenheit überwunden wird. Als beispielhaft dafür gelten im Buddhismus die Vier Heiligen Wahrheiten, nämlich die Wahrheit vom Leiden, die Wahrheit von der Entstehung des Leidens, die Wahrheit von der Aufhebung des Leidens und die Wahrheit von dem zur Aufhebung des Leidens führenden Pfad. Für uns folgt daraus, daß wir jede Vorstellung, die wir besitzen, im Licht der uns vertrauten höchsten Wahrheiten prüfen müssen, das heißt für den Christen: auf dem Hintergrund des Mysteriums von Golgatha.

Es mag sich nun die Frage stellen, welche Bedeutung diesem ersten Schritt, aber auch allen weiteren Teilen des Pfads für das spätere Leben und das Alter insbesondere zukommt. Als späteres Leben wollen wir hier die Phase ab dem Alter von fünfundfünfzig Jahren verstehen. Zu diesem Zeitpunkt haben wir uns bereits viele Vorstellungen zu eigen gemacht, und sie sind uns zur Gewohnheit geworden. Nun drohen uns vor allem zwei Gefahren: Die eine besteht darin, daß unsere Gedanken erstarren, so daß wir unfähig werden, neue Ideen anzunehmen; oder es kann geschehen (und dies ist eine mögliche Folge unseres eingefahrenen Denkens), daß ein Großteil des Wissens, das wir vermeintlich erworben haben, plötzlich als unsicher erscheint, ja vielleicht sogar in Vergessenheit gerät. Die Konfrontation mit neuen Tatsachen oder anderen Meinungen stürzt uns in Verwirrung und Verunsicherung, die wir vielleicht nur mühsam zu verbergen imstande sind.

Wenn unsere Vorstellungen unbeweglich und starr geworden sind, so setzen wir uns möglicherweise nicht mehr mit ihnen auseinander, weil wir sie als selbstverständlich hinnehmen. Ein älterer Mann sagte mir einmal, daß ihm in den vergangenen zwanzig Jahren nichts Neues widerfahren sei. In Wirklichkeit jedoch hatte er nur keine neue Sicht erworben bzw. die alte nicht weiterentwickelt. Es ist immer wieder nützlich, all die großen und kleinen Ansichten, die man hegt, aufmerksam zu prüfen und sich für den Fall, daß sie unverändert geblieben sind, zu fragen, wie sie weiterentwickelt werden können.

Nehmen wir folgendes, nicht alltägliches Beispiel: Während unseres gesamten Lebens denken wir über Geburt und Tod nach. In bestimmten Augenblicken jedoch berühren uns diese unumstößlichen Fakten tief in unserem Innern, weil sie uns in Verbindung mit persönlichen Erlebnissen zu Bewußtsein kommen. Dann, aber nicht nur dann, sondern zum Beispiel auch bei der alljährlichen Wiederkehr des Weihnachts- oder Osterfestes, haben wir die Möglichkeit, tiefer in diese Geheimnisse der menschlichen Existenz einzudringen und unsere allgemeinen Vorstellungen über Geburt und Tod zu erweitern. Und wie sie schließlich in uns reifen, das macht einen wesentlichen Teil unseres Schicksals aus.

Ein solcher Reifeprozeß wird dadurch bewirkt, daß wir entweder beharrlich daran arbeiten oder aber ganz einfach Geduld aufbringen. Manchmal mag es erforderlich sein, jahrelang zu warten, ehe sich eine Vorstellung in uns vervollständigen kann. So wie eine Pflanze Wasser, Luft und Wärme für ihr Wachstum benötigt, so müssen unsere Ansichten durch bestimmte Haltungen gehegt werden, die dem begrifflich exakten Denken unwichtig erscheinen mögen – obgleich es eigentlich keine Vorstellung gibt, die so abstrakt ist, daß sie nicht in dieser Weise umhegt werden kann. Besagte

Haltungen oder grundlegende Einstellungen und Eigenschaften hat Rudolf Steiner einige Male mit den Begriffen Staunen, Mitleid und Gewissen umschrieben. Es fällt nicht schwer, ihre Bedeutung für unsere Vorstellungen von Geburt und Tod zu erkennen. Doch auch eine so offensichtlich abstrakte Idee wie die Kausalität vermag uns ihren Reichtum zu entfalten, wenn wir all das, was im Leben voraussehbar ist, als das Werk hoher geistiger Wesen betrachten – als ein Opfer, das das Fundament für unsere eigene Freiheit bildet. Es schließt die geduldige Ausdauer der Elementarwesen mit ein, die im Zauberreich der Natur allgegenwärtig sind. Das Voraussehbare ist nur eine der Ebenen, auf denen das Prinzip der Kausalität funktioniert. Das menschliche Leben ist zwar durch berechenbare Folgen bestimmt, doch begegnen wir in ihm auch dem Wirken des Schicksals, das uns aus einem Reich jenseits des Berechenbaren, aus dem geistigen Sein, erreicht.

Und genau das ist der wesentliche Grund dafür, daß wir eine lebendige, wandelbare Vorstellungswelt brauchen. Denn nur so können wir allmählich das Schicksal der Menschen begreifen, sei es nun das eines anderen oder unser eigenes.

Richtige Entscheidung (Sonntag)

Für den Menschen der westlichen Welt gründet eine der Hauptschwierigkeiten und eines der größten Rätsel des Buddhismus im Prinzip des *anatta*, das die Unsterblichkeit der menschlichen Seele oder eines eigenständigen Selbstes zu verneinen scheint.[3] Wenn es aber kein wahrhaftes, unvergängliches Individual-Ich im Menschen gibt, wer ist es dann, der den Pfad einschlägt, wer ist es, der die richtigen Entschlüsse faßt? Der Buddhismus selbst ist sich immer der Tatsache bewußt gewesen, daß dieser Frage ein Paradox, ein Geheimnis zugrunde liegt, wie es der folgende Spruch ausdrückt: «Das Selbst ja ist des Selbstes Herr, / Das Selbst ja ist des Selbstes Weg.»[4]

Die Schwierigkeit besteht jedoch nicht nur in den Begriffen. Wenn wir älter werden, sind wir in der Lage, auf die Entscheidungen zurückzublicken, die wir in unserem Leben gefällt haben, und wir stellen fest, daß es gerade im Hinblick auf jene Entschlüsse, die wir als die besten und die erfolgreichsten für unsere Mitmenschen und uns selbst betrachten, nicht ganz einfach ist, zu sagen, wer sie denn eigentlich gefaßt hat. Es scheint, als sei in jenen Augenblicken eine Harmonie zwischen den äußeren Gegebenheiten und etwas in unserem Innern entstanden, das sehr viel tiefer verborgen ist als das «Ich», dessen wir uns gewöhnlich bewußt sind. Das Alltags-Ich zeigt sich oft in Entscheidungen, bei denen wir uns im Widerstreit mit unserer Umwelt oder unseren eigenen wahren Fähigkeiten befinden, Entscheidungen also, von denen wir uns vielleicht bald distanzieren müssen. Aber nicht nur in den großen Entschlüssen unseres Lebens, die offensichtlich Bestand haben werden, können wir dem Wirken jener tieferen Kraft begegnen. Auch in belangloseren

Dingen haben wir oft das Gefühl, daß die Entscheidung, die wir gefällt haben, ein Echo der Zustimmung aus verborgenen Tiefen in uns hervorzurufen scheint.

Das Wesentliche dabei ist jedoch nicht, daß solche Entschlüsse möglicherweise der Vernunft zuwiderlaufen. Freilich drehen sie sich oft um Angelegenheiten, in denen ein nach außen gewandtes, vernunftmäßiges Abwägen nicht zu einem definitiven Ergebnis führen würde. Wenn wir zum Beispiel heiraten, können wir nicht voraussehen, was die Zeit mit sich bringen wird. In dem Entschluß, zu heiraten oder einen bestimmten Beruf zu ergreifen, mag das tiefere Selbst jedoch mitgesprochen haben.

In den Jahrhunderten, die auf das Leben Buddhas folgten, erstarkte das in den Menschen, was zuvor als ihr Alltags-Ich bezeichnet worden ist. Einige seiner Wesensmerkmale sind Aggressivität, Gier und Einsamkeit, und ihre Entwicklung war notwendig. Die Menschen entdeckten es nicht nur bei sich selbst, sondern auch bei ihren Göttern oder ihrem Gott. Neid und Zorn gehören zum Beispiel zu den herausragenden Eigenschaften der Götter der Griechen, und auch die Hebräer stellten sich ihren einzigen Gott als zornig, eifersüchtig und einsam vor. Das buddhistische Prinzip des *anatta* aber kennt diese Art der Isoliertheit nicht, weder bei den Göttern noch bei den Menschen.

Nachdem Christus von den Toten auferstanden war, konnte er in den Jüngern einen selbstlosen Willen zu dienen wecken, der ihre angsterfüllte Isolation überwand. Genau das meint auch Paulus, wenn er sagt:

«Ich lebe, doch nun nicht ich, sondern der Christus in mir.» Jeder, der sich mit dem Christus verbinden kann, erkennt dies als die stärkste Kraft in seinem Leben, aber sie wirkt auch in allen anderen Menschen, wenn sie nicht völlig mit allem Bewußtsein aus den Gedanken und Gefühlen verbannt wird. Mit ihrer Hilfe lernen wir allmählich zu verstehen, daß die Geburt eines Menschen nicht nur Folge des Verlangens nach dem Leben ist, sondern mehr und mehr einen Beweis der fortwirkenden Kraft des Christus darstellt. Wir werden geboren, um dem Christus zu dienen.[5] Diesem ursprünglichen, großen und umfassenden Entschluß, in den alle Begleitumstände unserer Geburt miteinbezogen sind, fügen sich im Laufe unseres Lebens alle weiteren wahren Entschlüsse hinzu. Und der letzte von ihnen, der notwendigerweise fast immer aus Tiefen herrührt, die unendlich größer sind als jene, an die unser Bewußtsein heranzureichen vermag, ist der Tod.

Ein lebendiges und imaginatives Denken, mit dessen Hilfe wir zumindest einen Teil der Auswirkungen des Schicksals begreifen können, wird uns helfen, die Kluft zwischen unseren alltäglichen Erwägungen und unseren innersten Entschlüssen zu überbrücken. Wenn wir meditieren, halten wir den rastlosen Eifer unserer auf schnelle Ergebnisse gerichteten Gedanken zurück, und wir geben all dem, was in unserem Wollen verborgen ist, die Möglichkeit, dem Licht des Bewußtseins entgegenzuwachsen. Wir dürfen im Alter nicht denken, daß uns nur noch wenig geblieben ist und daß nur noch wenige Entscheidungen zu fällen sind. Denn seit wir die Lebensmitte überschritten haben, konnten wir schon viele Entschlüsse fassen, die nicht das derzeitige Leben betreffen, sondern eine Vorbereitung für ein zukünftiges sind, das wir nach einem Aufenthalt in der geistigen Welt führen werden.

Für den Frieden im hohen Alter ist es bedeutsam, daß die bewußt gefällten Entscheidungen in Zusammenklang stehen mit den großen, im Tiefschlaf gefällten Entschlüssen für ein zukünftiges Leben. Diese Harmonie wird bestehen, je mehr sich das menschliche Bewußtsein dem Licht der Auferstehung zuwendet.

Richtiges Wort (Montag)

Was durch das Bilden der richtigen Meinung und das Fassen der richtigen Entschlüsse erzielt worden ist, sollte im dritten Teil des Achtgliedrigen Pfads all unsere Worte lenken. Für den Buddhisten ergeben sich in bezug auf die Rede vier Versuchungen, denen er widerstehen muß: Lüge, Beschimpfung, Verleumdung und eitles Geschwätz. Als Lüge wird jede Unrichtigkeit und jede Neigung bezeichnet, dem Zuhörer ein Bild zu vermitteln, das von der Realität abweicht; der Begriff der Beschimpfung umfaßt jeden Impuls, einen Mitmenschen durch Worte zu verletzen, und Verleumdung mag auch in der Gestalt von Kritik auftreten, in der um des Effektes willen oder aus einem Groll heraus die Fehler eines Mitmenschen verzerrt dargestellt werden. Der Versuchung des eitlen Geschwätzes erliegen wir in jeder rein konventionellen und belanglosen Unterhaltung.

Im späteren Leben erwachsen jedoch zunehmend besondere Schwierigkeiten. Wir verlieren allmählich die Fähigkeit, ungewohnten Wegen im Gespräch zu folgen, und wiederholen statt dessen die uns vertrauten Meinungen und Erinnerungen. Es wird zunehmend schwerer für uns, im Auge zu behalten, was für eine bestimmte Situation, den Zuhörer und den betreffenden Augenblick wichtig ist und was nicht. Obwohl wir bereits einsam geworden sind, tragen wir zu unserer Einsamkeit noch bei, indem wir in einer Art und Weise sprechen, die uns dem Zuhörer entfremdet, weil er fühlt, daß wir vergessen haben, wer er ist und was ihn interessiert. Oder wir dringen vielleicht in seine Privatsphäre ein, indem wir Fragen stellen, die er als grob und unangebracht empfindet. Durch solche vergeblichen Kommunikationsversuche entmutigt, ziehen wir uns im späteren Leben möglicherweise zurück und hören schließlich ganz damit auf, in Gesprächen eine echte Begegnung mit unseren Mitmenschen zu suchen, einige wenige spezielle Freunde vielleicht ausgenommen. Abgründe von Mißverständnissen tun sich zwischen uns und den Jüngeren auf, und selbst diejenigen, die gleichaltrig mit uns sind, scheinen sich eine merkwürdige Sprache geschaffen zu haben, die schwer für uns zu verstehen ist.

Der dritte Teil des achtgliedrigen Pfads zielt auf den Entschluß, sich mit keiner dieser Niederlagen abzufinden. Wenn wir darauf achten, daß unsere Gedanken offen für neue Entwicklungen sind, haben wir Grund zu der Hoffnung, daß wir weiterhin eine neue Sprache erlernen können, ganz gleich ob die der jungen oder der alten Leute. Aber wir müssen uns auch im Schweigen üben, und zwar nicht im Schweigen aus Niedergeschlagenheit, das aus der Beendigung des Versuchs erwächst, anderen zuzuhören oder sie mit unseren Worten zu erreichen, sondern ein Schweigen, das die Bereitschaft enthält, zuzuhören und abzuwarten. Denn die Gelegenheit zu sprechen wird kommen: Fragen werden uns gestellt, die eine Antwort verlangen; Kummer wird uns mitgeteilt, den es zu trösten gilt, und wir werden um Rat gebeten – vielleicht öfter, als uns lieb ist.

Je älter wir werden, desto unangebrachter ist es, mit Worten destruktiv zu sein. Rudolf Steiner hat einmal von der Versuchung gesprochen, uns mit den Jüngeren auf eine Stufe stellen zu wollen, indem wir in ihre Kritik einstimmen. Am Ende jedoch wird die Jugend der «alten Jungen» überdrüssig, «weil deren Stimme zu rauh ist und das Kritisieren in jugendlichen Stimmen mehr Leben hat.»[6]

Es nützt freilich nicht viel, wenn wir lediglich davon Abstand nehmen, unsere Kritik laut auszusprechen, sie aber in Gedanken mit unverminderter Heftigkeit fortsetzen. Wir müssen vielmehr einsehen, wie willkürlich und oberflächlich unsere Kritik meist ist. Wir können nur dann dem Fehler eines anderen Menschen wirklich auf die Spur kommen, wenn wir anfangen, ihn ernsthaft als Teil des Gesamtschicksals der betreffenden Person zu betrachten. Das können wir nur durch ein lebendiges, imaginatives und aktives Denken erreichen. Und wenn wir Kritik an manchen unpersönlichen Tendenzen in unserer Gesellschaft üben, so wird sich diese Kritik als verfehlt und an der Wirklichkeit vorbeigehend erweisen, wenn wir nicht klare, positive Initiativen an die Stelle der kritisierten Zustände zu setzen wissen. Wenn wir nämlich eine positive Einstellung haben, vermag die Wirklichkeit des Geistigen unsere Gedanken und Worte zu durchdringen und uns zu stärken.

Die Tatsache, daß eine positive Grundhaltung schwierig zu erwerben ist, hängt nicht nur von uns allein ab, sondern ist durch das Schicksal der Sprache in der heutigen Zeit mit bedingt. Die Worte haben die Fülle ihrer Bedeutungen verloren, und das gilt insbesondere für die positiven Begriffe. Es verhält sich wie mit dem oft wiederholten Wort «ehrlich» in Shakespeares *Othello;* dort scheint es am Ende überhaupt keine Ehrlichkeit mehr in der Welt zu geben. Wo aber lebendige Vorstellungen durch unsere Worte hindurchscheinen und die richtigen Urteile sie stützen, da werden die Gespräche allmählich wieder heil und heilsam.

Gemäß der buddhistischen Lehre fordert der vierte Teil im achtgliedrigen Pfad – positiv ausgedrückt – Wohlwollen und Mitgefühl und – negativ ausgedrückt – die Enthaltsamkeit vor Handlungsweisen, die der Einbildung eines losgelösten Selbstes entspringen. Darunter fallen die Verletzung anderer Lebewesen, der Diebstahl und jegliche Art von Ausschweifung. Zunächst scheint es ein selbstverständlicher Gedanke, daß die Enthaltsamkeit, die Selbstbeherrschung, alten Menschen viel leichter fällt als jungen. Wir überwinden die trügerische Idee unserer Isoliertheit und unsere Fixierung auf irdische Güter jedoch nicht, nur weil wir älter werden. Manche unserer Neigungen, das Bedürfnis nach Sicherheit und Trost zum Beispiel, mögen sich im Laufe der Zeit sogar verstärken. Die im Alter dann dominierenden Bindungen können nicht nur sehr vielfältig sein, sondern treten auch meist unerwartet auf, und sie führen rasch zu Konflikten. So mag ein älterer Mensch sehr mit sich zu kämpfen haben, um die Schwierigkeiten, die ihm die kleinen Dinge des Alltags bereiten, auf das richtige Maß zu reduzieren. Vielleicht wundert er sich sogar selbst über die Heftigkeit seiner Gefühle in bezug auf Dinge, die andere als nicht so wichtig beurteilen und die für ihn elementar geworden sind.

In der Weltliteratur gibt es zwei große Tragödien, Shakespeares *König Lear* und *Ödipus auf Kolonos* von Sophokles, die sich mit der Diskrepanz zwischen unserer Auffassung vom Alter und seiner Realität befassen. Aus ihnen können wir viel lernen, ganz gleich ob wir uns mit Lear und Ödipus oder mit Cordelia und Antigone identifizieren. Lear ist in Wirklichkeit gar nicht der törichte Greis, für den ihn die anderen halten und für den er sich sogar selbst hält. Was *ihm* wichtig ist, ist auch *für die Welt* von Bedeutung. Und der greise Ödipus fordert trotz seines Grolls den Thebanern gegenüber eine reale Lösung – ganz konkret, nicht in der Theorie.

Für die Lösung des zugrundeliegenden Problems ist die Erkenntnis wichtig, daß sowohl der Buddhismus als auch das Christentum einen Weg der Mitte lehren. Sie verlangen von uns nicht, alle Bindungen aufzugeben, sondern stets nach dem Wesentlichen und Ewigen in ihnen zu forschen. Der Buddhismus zielt zwar letztlich mit seiner Lehre auf die Überwindung aller Neigungen, aber als Mittel dazu predigt er nicht die Askese, sondern die Mäßigung und allmähliche Einsicht. Und im Christentum geht es mehr um die Entwicklung der höchsten Form der Liebe in uns als um die Ablehnung unserer geringeren Neigungen. Denn sie lassen sich in Wahrheit ohnehin nicht einfach verdrängen, sondern beherrschen uns auch dann, wenn wir sie ablehnen, und zwar so lange, bis etwas, das stärker ist als sie, ihren Platz einnimmt.

Im späteren Leben sind es vor allem zwei Neigungen, die besondere Gefahren mit sich bringen, der Hang zur Macht nämlich und zum Geld. Es berührt uns unangenehm, wenn wir sie in uns selbst entdecken. Dennoch ist es nicht einfach, sie zu überwinden, selbst dann nicht, wenn uns bewußt wird, welchen Schaden wir unseren Mitmenschen und unserem eigenen Seelenfrieden durch derartige Neigungen zufügen können. Möglicherweise müssen wir all das aufbringen, was wir durch die Bewältigung der ersten drei Teile des Pfads erlangt haben, um sie unter Kontrolle zu halten.

Immer wenn sich unsere Neigungen als zu stark erweisen, wenn sie also unser Leben über ein natürliches und vernünftiges Maß hinaus bestimmen, dann sind die Folgen unserer früheren Erdenleben am Werk. Wir sind vom hochmütigen Geist Luzifers und dem haßerfüllten Geist Ahrimans in einer Art und Weise beeinflußt worden, die uns nicht mehr bewußt ist. Beide stürzen uns wieder in Konflikte. Wenn wir nichts dagegen unternehmen, bleiben wir Gefangene unserer Vergangenheit. Wir brauchen jedoch eine wahre Gegenwart, und es ist eine elementare Aufgabe des späteren Lebens, unsere Gegenwart so zu akzeptieren, wie sie ist, und dankbar mit ihr zu leben.

Richtige Lebensführung (Mittwoch)

Seit langem schon wird das Alter mit dem Rückzug aus dem Arbeitsleben in Verbindung gebracht. Dieser Zusammenhang ist in der heutigen Zeit jedoch nicht mehr ganz einfach. Es gibt Menschen, die ihren Beruf bis zum Alter von siebzig oder achtzig Jahren und länger ausüben können und die sterben, ohne ihn jemals aufzugeben. Dann gibt es wiederum andere, die die wichtigsten Aufgaben ihres Lebens erst in einem Alter entdecken, in dem andere sich schon zur Ruhe gesetzt haben. Die Beziehung zwischen dem Gesundheitszustand eines Menschen, seinem Beruf und seiner geistigen Verfassung ist heute oft sehr vielschichtig, und allgemeinere Aussagen darüber können in die Irre führen. Der Rat, der einer bestimmten Person von denen, die ihm nahestehen, gegeben wird, erweist sich oft im späteren Verlauf als falsch.

Das fünfte Glied des Pfads, die richtige Lebensführung, verlangt von uns, daß wir zu jedem Zeitpunkt unseres Lebens sowohl all das, was wir selbst von der Welt empfangen, als auch das, was wir tun, um die Bedürfnisse anderer zu erfüllen, sorgfältig prüfen. Das schließt auch die Sorge für unsere leibliche Gesundheit und die aufmerksame Beobachtung der Folgen unseres Tuns für das Wohlergehen unserer Mitmenschen ein.

Körperliches Unvermögen wird oft als eine unausweichliche Begleiterscheinung des Alters angesehen. Doch auf diese Annahme gibt es in der heutigen Medizin eine aufschlußreiche Entgegnung. Immer wieder bestätigt sich die Erkenntnis, daß eine geistige Verwirrung, die auf normale Altersschwäche zurückgeführt werden könnte, spezielle Ursachen hat, die verhältnismäßig einfach zu beheben sind. Sehr oft aber fragen alte Menschen nicht nach der Hilfe, die ihnen die Medizin geben könnte, weil sie ihre Beschwerden als bloße Alterserscheinungen betrachten. Zur richtigen

Lebensführung gehört es jedoch dazu, die bestmögliche Hilfe zu suchen, nicht bloß um seiner selbst willen, sondern aus einer Verpflichtung der gesamten Umwelt gegenüber. Denn wie uns der Buddhismus vor allem lehrt, ist unser Körper nicht unser Eigentum.

Es gibt natürlich auch Krankheiten, die nicht heilbar sind. Sie können uns zu jedem Zeitpunkt unseres Lebens befallen, doch ist ihr Auftreten in den späteren Lebensjahren wahrscheinlicher. Auch ihnen sollte jede erdenkliche Behandlung zuteil werden. Dabei ist es jedoch wichtig, daß wir sie nicht oberflächlich als unglückselige Defekte einer Maschine betrachten. In diesem Zusammenhang sind die Ergebnisse von Rudolf Steiners Geistesforschung ganz besonders bedeutsam. Er hat darauf hingewiesen, wie sich durch unsere Krankheiten einerseits die Vergangenheit in ihren Folgen offenbart, wie aber andererseits durch sie auch die Zukunft vorbereitet werden kann, und er hat überdies ihre speziellen Folgen für unser Leben nach dem Tod dargestellt.[7]

Während des ersten Zeitabschnitts nach dem Tod wird uns in einer Weise, die viel lebendiger und eindringlicher ist als unsere irdische Erfahrung, bewußt, welche Bedeutung das Leben, das wir gerade vollendet haben, für unsere Mitmenschen hatte, und wir lernen zugleich, jene Neigungen zu überwinden, die uns zu sehr von den irdischen Daseinsbedingungen abhängig gemacht haben. Diese Entwicklung vollzieht sich in einer geistigen Region, die als Mondsphäre bezeichnet wird und für die unser verlassener Trabant eine Art Markstein ist. Wenn wir sie verlassen, treten wir allmählich in die Sphäre des Merkurs ein, in der es den geistigen Wesen möglich wird, die irdischen Unzulänglichkeiten und Gebrechen in positive Fähigkeiten umzuwandeln.[8]

Dieser Gedanke beinhaltet nicht nur eine vage, tröstliche Hoffnung. Wenn wir in engem Kontakt mit dem Gebrechen eines Mitmenschen leben oder unser eigenes Unvermögen mit ein wenig Distanz betrachten, können wir entdecken, daß der allererste vorsichtige Anfang einer solchen Verwandlung ständig geschieht. Selbst wenn große körperliche Schmerzen da sind, mag auf völlig unvorhersehbare Weise ein siegreicher Geist zum Vorschein kommen.

Alles, was wir in unserem Erdendasein erleiden, betrifft weder nur uns allein, noch ist es nur ein Ausdruck unseres persönlichen Schicksals. Und auch der Gewinn, den wir dadurch erzielen, daß wir unser Leid überwinden, gehört uns nicht allein, sondern er trägt dazu bei, Gemeinschaften zu bilden, die nicht mehr von einer bestimmten Nationalität oder Rasse abhängig sind, sondern auf der Freiwilligkeit von Herz und Vernunft gründen.

In jedem Wirtschaftsunternehmen zum Beispiel besteht die Möglichkeit zur Bildung einer solchen Gemeinschaft, wenn ihre tatsächliche Entwicklung auch oft durch innere Spannungen und Rivalitäten behindert ist. Wenn jemand heute aus Altersgründen aus einem Betrieb ausscheidet, so endet gewöhnlich seine Verbindung mit dem Unternehmen ganz und gar. Es würde aber vielen Industriebetrieben und Firmen sehr nützen, solche Kontakte aufrechtzuerhalten, vielleicht sogar in der Form, daß ein Beratungsstab von Mitarbeitern im Ruhestand gebildet wird. Vieles in unserem Wirtschaftsleben ist ernstlich krank. Der Einfluß der Alten könnte, wenn er in selbstloser und einfühlsamer Weise ausgeübt wird und durch die Begegnung mit dem eigenen Leid gereift ist, viel dazu beitragen, diese Krankheiten zu heilen.

Richtiges Streben (Donnerstag)

Je älter wir werden, desto stärker sind wir versucht, eine Verengung unseres Horizonts zu akzeptieren und wenig von uns selbst zu verlangen. Die Welt, auf die es nun anzukommen scheint, mag sich auf zwei oder drei Menschen, ein Haus und einen Garten oder sogar nur auf ein einziges Zimmer und die Bedürfnisse des eigenen Körpers beschränken, und es mag zwecklos scheinen, mehr von sich selbst zu erwarten als ein bißchen Geduld.

Der sechste Teil des achtgliedrigen Pfads steht in augenfälligem Kontrast dazu. «Über das Alltägliche, Augenblickliche hinausblicken und sich Ziele (Ideale) stellen, die mit den höchsten Pflichten eines Menschen zusammenhängen.» Das bedeutet, daß wir unseren Horizont erweitern müssen und daß wir uns nicht mit seinen engen Grenzen abfinden dürfen. Wenn wir unsere Erfahrungswelt aufmerksam betrachten, dann entdecken wir vieles in ihr, was uns dabei behilflich sein kann. Denn je weiter wir im Leben gehen, desto weniger sind wir in dem befangen, was unser persönliches Schicksal ausmacht. Wir haben entweder die von den Handlungsweisen früherer Erdenleben bestimmten Aufgaben erfüllt, die wir uns für dieses Leben gestellt haben, oder diese Aufgaben müssen bis zu einem nachfolgenden Leben warten, weil wir ihre Erfüllung in unserem gegenwärtigen Dasein versäumt haben. Und all das, was uns im Laufe der Zeit begegnet, wird ganz allgemein mehr und mehr zum Ausdruck des Schicksals einer ganzen Gemeinschaft werden, der wir zugehörig sind, einer ganzen Nation etwa oder einer Epoche. Die Bühne, auf der wir aufgefordert sind zu agieren, wird immer größer, obgleich sich unser eigener Part überaus bescheiden ausnehmen mag.

Es ist noch nicht sehr lange her, daß es so vielen Menschen gegeben ist, die gesamte Welt als einen einzigen Schauplatz zu betrachten. Trotz all der Beschränkungen, die den Medien, die uns das Weltgeschehen vermitteln, eigen sind, können wir mit ihrer Hilfe die Sorgen und manchmal auch die Freuden der Menschen überall auf der Erde teilen.

Unsere Anteilnahme ist jedoch im wesentlichen passiv. Das liegt schon in der Natur der Medien Fernsehen, Rundfunk und Presse selbst begründet. Für ältere Menschen stellen die Medien gewiß eine ganz spezielle Hilfe dar, doch brauchen wir uns nicht mit der Passivität, die sie fördern, abzufinden. Es gehört zum Wesen der heutigen Zeit, daß jeder einzelne Mensch über Möglichkeiten verfügt, den Lauf der Dinge zu beeinflussen. Gelegenheiten dazu entstehen oft in ganz erstaunlicher Art und Weise.

Wir können den Erfordernissen unserer Umwelt aber auch entsprechen, ohne daß es nach außen hin erkennbar wird. Der sechste Teil des achtliedrigen Pfads beinhaltet nämlich nicht nur die Erweiterung der persönlichen Vorstellungswelt, sondern auch die Entwicklung neuer, positiver Lebensgewohnheiten. Sie mögen indirekt oder direkt eine Reaktion auf das darstellen, was wir neu von der Welt lernen. Vielleicht erfährt ein älterer Mann oder eine ältere Frau zum Beispiel von den Geschehnissen, die sich in einem fremden Land zutragen, und begibt sich dann daran, mehr über die Menschen dort in Erfahrung zu bringen, mögliche Hilfen zu ersinnen, Briefe zu schreiben und damit einen Teil der verbleibenden Lebensjahre auszufüllen. Oder betrachten wir ein Beispiel ganz anderer Art: Wir stellen vielleicht fest, wie schlecht die Menschen der westlichen Welt, uns selbst eingeschlossen, gehen und sich bewegen, und wir beschließen, möglicherweise sogar zu einem recht späten Zeitpunkt unseres Lebens, die Geheimnisse der Bewegung zu studieren und die Verbindung des Menschen zu dem ihn umgebenden Raum zu entdecken, die Rudolf Steiner mit der Einführung der Eurythmie offengelegt hat.

Solche Dinge haben weitreichende Bedeutung für

das menschliche Leben. Denn was heißt es eigentlich, alt zu werden? Die Leben und Empfindung vermittelnden Wesensglieder des Menschen – der Ätherleib und der Astralleib – und das individuelle Ich beginnen sich allmählich vom physischen Leib zu lösen und entwickeln sich in Richtung jener Welten, die sie nach dem Tod aufnehmen werden. Ihr Rückzug bewirkt, daß der physische Leib in Gefahr gerät, sich zu verhärten und zu erdgebunden, zu schwer zu werden. Der Träger des Lebens, der Ätherleib selbst, hingegen altert nicht. Er ist jünger und frischer denn je und stellt in vieler Hinsicht das genaue Gegenteil des physischen Leibes dar. Aber genauso wie die lebendigen Gedanken, die im Ätherleib wohnen, vom leiblichen Gehirn nicht adäquat verarbeitet werden können, so vermag auch der Ätherleib in seiner Frische nicht durch den physischen Leib zur Wirkung zu gelangen, da er zu weit von ihm entfernt ist. Wenn aber neue Gewohnheiten in einer selbstlosen, dem Christentum entsprechenden Weise angenommen werden, dann verstärken sie den Halt des Ätherleibs im physischen Leib, und davon hat nicht nur der betreffende Mensch einen Nutzen, sondern auch seine gesamte Umgebung.

Die neuerworbenen Gewohnheiten brauchen freilich nicht so bemerkenswert zu sein, wie es das Beispiel von Dr. Samuel Johnson[9] zeigt, der im fortgeschrittenen Alter anfing, die niederländische Sprache zu erlernen. Sie mögen vielmehr mit dem befaßt sein, was uns als der so begrenzte Raum von Haus und Garten oder sogar nur des eigenen Zimmers erscheint. Denn es kommt auf das Bewußtsein an, mit dem wir uns um den Erwerb neuer Gewohnheiten bemühen. Wenn es uns gelingt, überall aus der Unordnung harmonische Ordnung zu schaffen, so stellen wir wieder ein Stück Verbindung zwischen der Erde und dem Sternenhimmel her, und wenn wir dies in der richtigen Stimmung tun, so vermitteln wir den unzähligen Elementarwesen, die ständig um uns sind, Mut und Trost.

Richtiges Gedächtnis (Freitag)

An dieser Stelle unterscheidet sich Rudolf Steiners Ausführung offenbar von den Beschreibungen, die wir in den buddhistischen Schriften finden. Wir werden dazu aufgefordert, im Auge zu behalten, welche Lehre wir aus allem, was uns im Leben widerfährt, ziehen können und welchen Nutzen wir in jeder Lebenssituation davon haben, aus dem reichen Schatz der Erinnerung zu schöpfen.

Es wird meist als selbstverständlich betrachtet, daß die Menschen sich im späteren Leben häufig an die Vergangenheit erinnern. Dennoch trifft es nicht immer zu, ja es mag sogar sein, daß sich ein alter Mann oder eine alte Frau nur dann wirklich erinnert, wenn er oder sie während einer Unterhaltung den vielbenutzten Pfaden der eigenen Lebensgeschichte folgt, was, wie wir bereits gesehen haben, eine Gefahr für die rechte Rede darstellt. Oft mag sich der gegenwärtige Augenblick rein äußerlich zu sehr aufdrängen, die

Vergangenheit andererseits zu belastet von Scham und Reue wirken. Ohne daß es uns völlig bewußt wird, sträuben wir uns vielleicht, einen ernsthaften Blick zurück zu tun. Das ist kein oberflächliches Problem, denn es droht allen Menschen eine Gefahr, wenn die Erinnerung des einzelnen zu einem Reich wird, das von bösen Geistern heimgesucht ist.

Wenn es uns jedoch gelingt, einigermaßen ruhig auf die vergangenen Ereignisse und Erfahrungen zurückzublicken, dann können große Wunder geschehen. Viele Menschen, die wir in unserer Kindheit und Jugend kannten, erscheinen plötzlich als unbeschreibliche Wohltäter. Einige der Orte, an denen wir gelebt oder die wir besucht haben, beginnnen aufs neue zu uns zu sprechen und uns ein Geheimnis nach dem anderen zu enthüllen. Ein Quell der Jugend durchströmt wieder unser innerstes Sein.

Doch ein Großteil dessen, womit uns die Erinnerung konfrontiert, erfordert Mut. Wir entdecken, daß uns bestimmte Schwächen von frühester Kindheit an ständig begleitet haben. Wir haben auf tragische Weise unsere Chancen vertan. Wir haben anderen weh getan durch Worte und Taten, die wir nun ungeschehen machen möchten. Und besonders schwer mag es sein, einzusehen, daß wir uns manches Mal zum Narren gemacht haben, und zwar in einer Weise, die uns noch heute erschauern läßt. Vor all dem dürfen wir nicht die Augen verschließen, denn hinter den einzelnen Freuden, hinter dem einzelnen Leid und hinter den schaurigen Fehlern zeichnet sich allmählich etwas anderes ab, etwas Größeres und Beständigeres. Es ist die Welt jener schöpferischen Wesen, die bei der Gestaltung unseres Schicksals mitwirken.

Rudolf Steiner hat gegen Ende seines Lebens beschrieben, wie die einzelnen Lebenszyklen für das Bewußtsein des Eingeweihten in der Weise transparent werden können, daß hinter ihnen andere Regionen der geistigen Existenz zum Vorschein kommen.[10] Es sind jene Sphären des Seins, die unsere Seelen nach dem Tod durchwandern. Im Hintergrund der ersten sieben Kindheitsjahre wirken die der Mondsphäre zugehörigen Wesen; im Hintergrund des zweiten Lebensabschnitts von sieben bis vierzehn Jahren sind die Geister der Merkur-Sphäre am Werk. Sie versorgen uns mit Quellen der Gesundheit und moralischen Eingebung, aus denen wir ein Leben lang schöpfen können. Von vierzehn bis einundzwanzig Jahren wecken die Wesen der Venus-Sphäre sowohl den Sinn für das Schöne als auch die Kraft der Liebe in uns, die beide weit über die Grenzen unserer Kindheitsumgebung hinausreichen. (Natürlich sind diese Geister auch in allen weiteren Lebensabschnitten mit dem Menschen befaßt, doch die genannten Phasen fungieren sozusagen als spezielle Sinnesorgane für sie, so wie unsere Ohren etwa für das Hören.)

Während des gesamten Abschnitts von einundzwanzig bis zweiundvierzig Jahren scheint das Licht der Sonnensphäre für uns. Es macht uns zu Bürgern der ganzen Erde und Mitgliedern der gesamten Menschheit. Danach, im Alter von zweiundvierzig bis neunundvierzig, stehen wir unter dem Einfluß der Mars-Sphäre, in der der Geist von Gautama Buddha während der letzten Jahrhunderte bemüht war, mit unendlicher Geduld die Dämonen nutzloser Konflikte zu besänftigen. Die Zeitspanne von neunundvierzig bis sechsundfünfzig Jahren gehört schließlich der Weisheit des Jupiters, der uns ein klares und nutzbringendes Urteilsvermögen vermittelt.

Aus dieser Sicht der Dinge beginnt die Phase des späteren Lebens mit dem Wechsel von Jupiter zu Saturn. In der Zeit zwischen dem sechsundfünfzigsten und dreiundsechzigsten Lebensjahr stehen unsere Seelen im Licht der großen kosmischen Gedächtniskraft. All diese Einflüsse sind jedoch nicht nur für den Eingeweihten von Bedeutung, sonst hätte Rudolf Steiner sie uns nicht geschildert. Es bedeutet vielmehr eine Bereicherung für unser Gedächtnis – ganz gleich wie alt wir sind –, wenn wir unsere Erinnerung mit den kosmischen Wirklichkeiten in Verbindung bringen, denen wir nach dem Tod in ganz anderer Weise begegnen. Und das Wissen darum trägt dazu bei, eine Brücke zwischen dem individuellen Gedächtnis und der Wiedererinnerung des Geistes, dem «Geist-Erinnern», zu schlagen.

Der letzte Teil des achtgliedrigen Pfads umfaßt nicht nur alle übrigen Glieder, sondern beinhaltet darüber hinaus eine Ausrichtung des Denkens auf das Unendliche, Ewige, durch die jede Täuschung aufgehoben wird.

Damit verbindet sich der Gedanke an eine zunächst elementar scheinende Schwierigkeit, auf die wir in unseren Meditationen stoßen. Bei jedem Versuch zu meditieren sind wir bemüht, so viel Ruhe wie irgend möglich zu finden. Wir wünschen uns eine Stimmung, wie sie uns befällt, wenn wir den Sternenhimmel in seiner feierlichen Stille betrachten, und wir versuchen, unseren Platz in der Menschheitsgeschichte zu ergründen, die sich in ununterbrochener Entwicklung von der Vergangenheit in eine unbekannte, ferne Zukunft erstreckt.

Dabei kommt es uns aber nur allzu oft in den Sinn, daß die Welt uns in ihrer gegenwärtigen Gestalt keinerlei Anlaß gibt, ruhig zu sein. Es herrschen in ihr ja nicht nur zahllose «Kriege und Kriegsgerede» sowie die verschiedensten Spannungen und Haßgefühle zwischen den einzelnen gesellschaftlichen Gruppen und Klassen, sondern die Menschheit steuert auf eine Krise zu, die ihre gesamte Existenz in einem nie zuvor gekannten Ausmaß bedroht.

Wenn wir im Alter an die jungen Menschen und Kinder denken, dann drängt sich uns oft die Frage auf, ob sie in eine Zeit hineinwachsen, in der kosmische, unsere Vorstellungskraft übersteigende Entscheidungen gefällt werden und in der über die Zukunft des Menschen entschieden wird. Wie können wir es nur endlich schaffen, über Ereignisse mit solchen Dimensionen richtig nachzudenken, wenn unsere Gedanken und Gefühle notwendigerweise im persönlichen Alltag und seinen Geschehnissen befangen sind? Und was können die jungen Menschen von heute mitnehmen, damit sie für solche Zeiten gerüstet sind?

Wenn wir uns auf die Reise in unser Inneres begeben, dann entdecken wir vielleicht, daß beide zuvor genannten Empfindungen in ihrer Bedeutung zu wachsen scheinen. Indem wir in die Vergangenheit blicken, erkennen wir mehr und mehr, daß sich die Reihe der großen Lehrer und Künstler wie die Sterne zu einem weisen Muster formt. Es ist gut, im Alter jene Bücher wiederzuentdecken, die uns als Kinder vielleicht vertraut gewesen sind, und sich auch mit ein paar von denen zu befassen, deren Titel uns zwar seit langem geläufig ist, für die uns aber immer die Zeit gefehlt zu haben scheint. Jetzt leuchten ihre Verfasser hell für uns, als seien sie hinter den Wolken hervorgetreten, und wir erleben von Dankbarkeit erfüllt, daß die Menschheit eine wunderbar reiche und umfassende Erziehung erhalten hat, die bis in unsere heutige Zeit hinüberreicht und gewiß überdauern wird.

Aber hat der Schüler wirklich etwas gelernt? Tut sich da nicht ein riesiger Abgrund auf? Werden die Menschen nicht alles, was ihnen beigebracht worden ist, vergessen und eine Reihe von Entscheidungen treffen, die mit Zerstörung enden? Sind nicht einige dieser Entscheidungen schon gefallen?

Wenn wir über unseren bevorstehenden Tod hinaus in die Zukunft blicken, sollten wir nicht meinen, vom Schauplatz der Entscheidung fortgerissen zu sein. Wir werden ihn dann in seinen kosmischen Zusammenhängen umso klarer erkennen und überblicken können. Darauf sollten wir uns vorbereiten. Die Vorbereitung mag zum Teil darin bestehen, daß wir versuchen, unser Gefühl des Beschütztseins, aber auch unsere Ahnung der Krise als völlig berechtigt und als gleichrangig, doch unversöhnlich nebeneinander existierend zu akzeptieren. Darauf läßt sich auch durch Nachdenken keine wirkliche Lösung finden. Wir müssen uns vielmehr auf den Weg zu jenen geistigen Wesen und ihrer Wirklichkeit begeben, die selbst die Antwort sind: zu Christus, von dessen Sein und Kraft alle rechtmäßigen Künstler und Lehrer der Menschheit inspiriert worden sind, und zu dem Erzengel Michael, der sich für die bevorstehende Krise der Welt gerüstet hat; denn Michael ist das Antlitz Christi.[11]

Lebensberatung und geistige Entwicklung

Es ist uns allen ein tiefes Bedürfnis, über manche der uns bedrängenden Fragen und Probleme mit jemandem zu sprechen. Doch viele meinen, daß sie keine Möglichkeit dazu haben, ja, daß sie niemanden kennen, mit dem sie in aller Ruhe und ohne jede Eile ein solches Gespräch führen können. Im Gegensatz dazu haben diejenigen, deren Rat erwünscht wird, oft das Gefühl, daß man sie zu Unrecht belastet und eine Entscheidung von ihnen verlangt, die eigentlich dem anderen und nur ihm oder ihr allein gehört. In der Vergangenheit erwies sich eine derartige Situation als weniger schwierig; da waren die Regeln, die das Verhalten an jedem Standort innerhalb der gesellschaftlichen Ordnung bestimmten, sehr viel genauer festgelegt, und der einzelne wußte, an wen er sich um Rat wenden konnte.

In der Weltliteratur verdeutlicht sich diese Art von Problematik, der heute fast jeder irgendwann einmal begegnet, an den großen Helden und Heldinnen, an den zentralen Figuren der Versepen oder Dramen zum Beispiel. Der Held oder die Heldin braucht Rat, weil das Leben ihn oder sie in eine ausweglose Situation gebracht hat, auf die die üblichen Verhaltensregeln keine Antwort wissen. Beispielhaft dafür steht etwa Orest, der erkennen muß, daß seine Mutter die Mörderin seines Vaters ist. Eines der wunderbarsten und geheimnisvollsten Beispiele aus der Vergangenheit finden wir jedoch in den frühen Fassungen der Gralslegende. Parzival hat ohne sein Wissen den Tod seiner Mutter verschuldet; sie ist an gebrochenem Herzen gestorben, als ihr Sohn sie plötzlich verließ. Er kommt zur Gralsburg, und es gelingt ihm nicht, die Aufgabe, die ihm dort gestellt wird, zu erfüllen, obgleich er auch das nicht wirklich weiß. Das Leben erscheint Parzival sinnlos; er zieht ruhelos umher, besiegt alle, die ihn herausfordern, findet aber keine Freude an dem Ruhm, den er erringt. Schließlich betritt er am Karfreitag in voller Rüstung die Zelle eines Einsiedlers, der ihn mit schlichter Gastfreundschaft empfängt. Zwischen beiden entwickelt sich ein bedeutungsvolles Gespräch, in dessen Verlauf Parzival sowohl das Schicksal der Menschheit als auch sein eigenes begreift. Obgleich es schwer für ihn ist, die Erkenntnis, die er macht, zu ertragen, kann er nun wieder einen Sinn und ein Ziel in seinem Leben finden.

Im folgenden möchte ich die, die um Rat gefragt werden, Einsiedler und jene, die Rat suchen, Ritter nennen. Selbstverständlich könnnen Einsiedler und Ritter sowohl männlich als auch weiblich sein; und ein und dieselbe Person mag einmal die Rolle des Einsiedlers übernehmen und ein anderes Mal die des Ritters, vielleicht an einem einzigen Tag oder sogar im Verlauf einer einzigen Stunde. Möglicherweise ist derjenige, der als Einsiedler fungiert, noch sehr jung, vielleicht sogar ein Kind, und der, der als Ritter zu ihm kommt, mag schon sehr alt, vielleicht dem Sterben nahe sein. Fast immer jedoch hat der Einsiedler die Einsamkeit erfahren und der Ritter den Kampf.

Der Einsiedler braucht eine Anschauung der Welt und des menschlichen Schicksals, die ihn bei seiner Aufgabe unterstützt, auch wenn sie sehr allgemein formuliert sein mag. Die Quelle, aus der der Einsiedler, dem Parzival begegnet, die Kraft seiner Unterweisung schöpft, ist von ganz besonderer Art; es ist der Gral. Und obgleich Parzival allem, was er hört, fragend und manchmal sogar skeptisch gegenübersteht, erkennt er, daß der Einsiedler mit einer gewissen Autorität spricht, der niemand die Anerkennung verweigern kann. Oft hat es den Anschein, als wendete sich der Einsiedler in der Sprache des anerkannten, traditionellen Christentums an Parzival.

Die aufmerksame Lektüre des Textes von Wolfram von Eschenbach läßt jedoch erkennen, daß der Einsiedler den Gral mit Worten beschreibt, die nicht bloß aus dem traditionellen, allgemein verständlichen Christentum stammen, sondern jene christliche Weisheit spiegeln, in der die Sterne Teil einer göttlichen Schrift werden, so wie sie es für die drei Weisen aus dem Morgenland gewesen sind. Traditionsbewußte Christen haben die Gralslegende immer wieder lesen können, ohne irgend etwas Ketzerisches an ihr festzustellen, und doch verdeutlicht sie in Wahrheit eine

Strömung, die schon seit früher Zeit im Christentum verborgen ist. Auf sie reagiert Parzival mit seinem Herzen, und er erkennt, daß seine Familie schon viele Generationen lang dieser Art des Christentums gedient hat.

Trotz der Tatsache, daß der Einsiedler von heute etwas braucht, das wir hier als Welt- und Lebensanschauung bezeichnen können, ist es ihm nicht möglich, soviel Unterweisung zu geben, wie Trevrizent sie Parzival zuteil werden ließ. Denn heute gehört jedwede Form von Belehrung nicht mehr zur Lebensberatung dazu. Der Ritter, der zur Zelle kommt, mag eine völlig andere Weltanschauung haben, und der Einsiedler muß verhindern, daß er ihm seine eigene Sichtweise aufzwingt. Selbst wenn beide derselben geistigen Tradition angehören, ist das Gespräch zwischen ihnen nicht der Ort für irgendwelche dogmatischen Lehren. Viele Vertreter des Judentums, des Islam oder des Christentums verschließen sich heute in unterschiedlichem Maße der Einsicht, daß die Seelen der Menschen nicht mehr für eine Lehre empfänglich sind, nur weil diese lange Zeit als wahr akzeptiert worden ist. Wenn die Menschen den Anschein erwecken, einer Lehre zu folgen, oder es in ihrer Kindheit getan haben, so mag das einer der Gründe sein, warum ihre Seelen jetzt krank sind. Auch in der neueren Zeit gibt es Lehren, die eine Art dogmatischer Autorität für sich in Anspruch nehmen, wie zum Beispiel der Marxismus, die Psychoanalyse oder eine große Zahl von Ansichten, die behaupten, wissenschaftlich zu sein (auch wenn sie in zehn oder zwanzig Jahren widerlegt werden), und vieles mehr. Jede Form von Dogmatik in einem Gespräch wird jedoch Streit provozieren und die Grundstimmung von Ruhe und Geduld zunichte machen.

Als Rudolf Steiner zwischen 1909 und 1922 verschiedentlich von Vertretern der christlichen Kirchen aufgesucht wurde, die ihn um Hilfe bei ihrer Arbeit als Seelsorger baten, legte er ihnen oft die gründliche Lektüre seines Buchs *Wie erlangt man Erkenntnisse der höheren Welten?* nahe. An diese Begebenheiten erinnerte sich Rudolf Steiner, als er vor jener Gruppe von Männern und Frauen sprach, die 1922 die Christengemeinschaft gegründet haben. Doch die Theologen, die seinen Rat erhielten, schienen nicht sehr glücklich damit, denn besagtes Buch befaßt sich vordergründig kaum mit den Themen, die uns in Beratungsgesprächen am häufigsten begegnen, wie beispielsweise familiäre Schwierigkeiten. Vielmehr scheint es sich strikt an das Thema zu halten, das schon in seinem ersten Absatz anklingt, nämlich, welche Mittel dazu erforderlich sind, um die geistigen Wahrnehmungsorgane in der richtigen Weise zu entwickeln. Rudolf Steiner stellt in Aussicht, daß jeder Mensch diese Organe auszubilden vermag, damit sich ihm Welten enthüllen, in denen es Wesen und Geschehnisse gibt, die den gewöhnlichen Sinnen verborgen bleiben. Was hat das aber mit jenen Sorgen zu tun, die die Menschen gewöhnlich dazu treiben, einen Priester oder anderen Geistlichen, einen Psychotherapeuten oder Sozialhelfer aufzusuchen? Es ist vielleicht heute ein wenig einfacher als noch vor siebzig Jahren, allmählich eine Antwort auf diese Frage zu finden. Denn der Einsiedler wird gegenwärtig recht häufig einem Menschen gegenüberstehen, der eine hellseherische, ihn zutiefst beunruhigende Erfahrung gemacht hat und möglicherweise nicht imstande ist, darüber zu sprechen – aus Angst, daß man ihn für verrückt erklärt. Und er mag überdies unfähig sein, seine Erfahrung selbst zu deuten.

Der Einsiedler muß nun darauf achten, daß er nicht den Anschein erweckt, als nehme er für sich den Rang eines Eingeweihten oder selbst Hellsehers in Anspruch, außer vielleicht in dem ganz allgemeinen Sinn, in dem wir alle über ein gewisses Maß an hellseherischen Fähigkeiten verfügen, wenn wir uns selbst genau genug beobachten. Rudolf Steiners Buch wird ihm sehr dabei helfen, sich ein vernünftiges Urteil über die geistige Entwicklung desjenigen zu bilden, mit dem er spricht. Denn jede Schwierigkeit, auf die ein Mensch im Laufe seines Leben stößt, hat – weitaus mehr, als wir dies zunächst vermuten – mit dem Stand seiner geistigen Entwicklung zu tun. So gestalten sich beispielsweise persönliche Kontakte oft deswegen so schwierig, weil unser Denken, Fühlen und Wollen miteinander in Konflikt geraten. In *Wie erlangt man Erkenntnisse der höheren Welten?* hat Rudolf Steiner dargelegt, daß unsere Gedanken, Gefühle und Impulse mehr und mehr dazu neigen, auseinanderzuklaffen, je weiter wir den geistigen Pfad beschreiten, und wir müssen daher umso bewußter einen wechselseitigen Zusammenhang zwischen ihnen schaffen.

Wenn ein Gespräch im Begriff ist, an solch heikle Themen zu rühren, ist eine bestimmte Grundstimmung vonnöten, auf die Rudolf Steiner zunächst in seinem Buch eingeht: die Stimmung der Verehrung gegenüber Wahrheit und Erkenntnis. Er meint, daß es gut sei, wenn diese Haltung auf einer Verehrung aufbauen kann, die bereits in der Kindheit speziellen Personen gegenüber bestanden hat. Auf sie können wir uns stützen, wenn wir das Zimmer einer von uns verehrten Person mit dem Gefühl betreten, auf geweihtem Boden zu stehen. Vieles in der gegenwärtigen Gesellschaft ist dazu angetan, das Gefühl der Verehrung zu zerstören, und doch sehnen sich unzählige Menschen danach, es wiederzuerlangen, wie die nahezu grenzenlose Achtung und Zuneigung, die bestimmten Personen des öffentlichen Lebens entgegengebracht werden, beweisen. Der Einsiedler aber darf für sich selbst keine Verehrung fordern, sondern muß sich bemühen, während des gesamten Gesprächs eine Stimmung stiller Verehrung gegenüber der Wahrheit entstehen zu lassen.

Dabei kann ihn die Umgebung, in der das Gespräch stattfindet, sowohl unterstützen als auch behindern. Es gibt eigentlich keinen Ort, der nicht dafür geeignet wäre, sei es ein Eisenbahnabteil, ein Garten oder das Haus, das der Ritter bewohnt. Wenn der Einsiedler ein Zimmer hat, das er für diesen Zweck zur Verfügung stellen kann, sollte er dafür Sorge tragen, daß der

Raum die angestrebte Grundstimmung unterstützt. Im Zusammenhang seiner Ausführungen über die Verehrung gegenüber der Wahrheit schildert Rudolf Steiner auch, daß bei ihrem Entstehen ein Wandel in den Farben der menschlichen Aura vor sich geht; verschiedene Nuancen der Farbe Blau beginnen zu dominieren. Ein ziemlich kleiner Raum, in dem Blau vorherrscht, scheint daher geeignet; sollte die Umgebung aber völlig anders gestaltet sein, so besteht die Möglichkeit, daß der Einsiedler durch die Lenkung seiner eigenen Gefühle ein Reich der warmen Blautöne entstehen läßt. Er vermag allein durch seine wache Aufmerksamkeit schützende Wände zu schaffen. Er sollte jedoch bemüht sein zu vermeiden, daß die geistige Strömung, der er selbst angehört, allzu deutlich äußerlich erkennbar wird; so sollte er als Christ alles umgehen, was einem jüdischen oder moslemischen Ritter Anlaß zu dem Gefühl geben könnte, fremdes Gebiet zu betreten. Und es sollte nur wenig vorhanden sein, was auf andere Tätigkeiten und Beschäftigungen des Einsiedlers hinweist – wenn irgend möglich, auch kein Telefon! Der Ritter soll in eine Atmosphäre der ungezwungenen Freundlichkeit und Ordnung aufgenommen werden.

Auch wenn der Ort der Beratung nur aus einem winzigen Zimmer besteht, so kennt er doch in geistiger Hinsicht keine Grenzen. Rembrandt hat dies in manchen seiner Bilder nachhaltig zum Ausdruck gebracht. Wir sehen einen alten Mann oder eine alte Frau in einem abgegrenzten Bereich – vielleicht mit einem Buch in der Hand –, und wir haben das Gefühl, als bewegte sich die Seele dieser Person durch die Weite von Raum und Zeit. Gleiches geschieht, wenn wir eines Abends einen Berg besteigen und alles in erweiterter Perspektive, in seinen wahren Proportionen, sehen können. Was den Sinnen als eng begrenzter Raum erscheint, mag für die Seele ein Berggipfel sein. Die Evangelisten erwähnen oft, daß Christus sich auf einem Berg befindet, während er seine Jünger belehrt; meist handelt es sich um den Berg der Verklärung oder den Ölberg. Und die letzte große Rede Christi vor der Passion findet im Obergemach statt, einem geschützten Ort, zu dem die Jünger hinaufsteigen müssen. In jedem Gespräch zwischen Ritter und Einsiedler sollte daher das Gefühl vorhanden sein, zu einem Punkt zu gelangen, der einen ruhigeren und weiteren Ausblick ermöglicht.

Natürlich kommt der Ritter meist, um ein ganz bestimmtes Anliegen zu besprechen, vielleicht etwas, das ihm gerade zugestoßen ist. Rudolf Steiner weist darauf hin, daß es uns selten möglich ist, eine distanzierte und selbstlose Sicht der Dinge zu erwerben, kurz nachdem sie sich ereignet haben. Dennoch kann der Einsiedler dem Ritter helfen, einen Blick sowohl in die Vergangenheit als auch in die Zukunft zu werfen. Er muß dabei sehr vorsichtig mit den Fragen umgehen, die sich ihm aufdrängen. Der Ritter hat das Recht, das Gespräch auf ein bestimmtes Thema zu beschränken. Selbst wenn sich die Gespräche über ein Jahr und länger hinziehen, mag es in seinem Leben immer noch wichtige Abschnitte geben, über die er nicht sprechen will. Doch offene und ehrliche Fragen zum Beispiel zu den Dingen, die er in der Vergangenheit unternommen hat oder die er beabsichtigt zukünftig zu tun, sind möglicherweise angebracht und hilfreich. Wenn Anzeichen für eine lang anhaltende Schockwirkung vorhanden sind, mag der Einsiedler versuchen, den Ritter mit sanfter Hand in die Zeit zurückzuführen, in der der Schock seinen Ursprung hat. Selbstverständlich müssen solche Dinge gelegentlich zurückgestellt werden, bis sich eine tragfähige Basis gegenseitigen Vertrauens entwickelt hat.

Der Einsiedler wird sich aber immer darin üben müssen, geduldig zuzuhören. In *Wie erlangt man Erkenntnisse der höheren Welten?* finden wir eine wunderbare Beschreibung dazu:

«Was für die Ausbildung des Geheimschülers ganz besonders wichtig ist, das ist die Art, wie er anderen Menschen beim Sprechen *zuhört.* Er muß sich daran gewöhnen, dies so zu tun, daß dabei sein eigenes Innere vollkommen *schweigt.* Wenn jemand eine Meinung äußert, und ein anderer hört zu, so wird sich im Innern des letzteren im allgemeinen Zustimmung oder Widerspruch regen. Viele Menschen werden wohl auch sofort sich gedrängt fühlen, ihre zustimmende und namentlich ihre widersprechende Meinung zu äußern. Alle solche Zustimmung und allen solchen Widerspruch muß der Geheimschüler zum Schweigen bringen. Es kommt dabei nicht darauf an, daß er plötzlich seine Lebensart so ändere, daß er solch inneres, gründliches Schweigen fortwährend zu erreichen sucht. Er wird damit den Anfang machen müssen, daß er es in einzelnen Fällen tut, die er sich mit Vorsatz auswählt. Dann wird sich ganz langsam und allmählich, wie von selbst, diese ganz neue Art des Zuhörens in seine Gewohnheiten einschleichen. – In der Geistesforschung wird solches planmäßig geübt. Die Schüler fühlen sich verpflichtet, übungsweise zu gewissen Zeiten sich die entgegengesetztesten Gedanken anzuhören und dabei alle Zustimmung und namentlich alles abfällige Urteilen vollständig zum Verstummen zu bringen. Es kommt darauf an, daß dabei nicht nur alles verstandesmäßige Urteilen schweige, sondern auch alle Gefühle des Mißfallens, der Ablehnung oder auch der Zustimmung.»[1]

Für den Einsiedler kann der gesamte Zusammenhang, in dem dieser Abschnitt steht, große Bedeutung erlangen. Es findet sich darin nämlich der Rat, zu bestimmten Zeiten aufmerksam den Geräuschen in der Umgebung zu lauschen, die Dinge eingeschlossen, die wir als leblos betrachten, wie zum Beispiel einen Wasserfall oder den Wind. Wir sollten auch versuchen, in den Lauten, die die Tiere von sich geben, Freude oder Schmerz nachzuempfinden. Und wir sollten versuchen, unsere eigenen Vorlieben und Abneigungen in bezug auf die Geräusche unserer Umwelt als relativ unwichtig zu betrachten. Am problematischsten werden uns wahrscheinlich unsere Reaktionen auf den von Maschinen verursachten Lärm erscheinen, aber auch in diesem Fall kann uns ein bedachtes, aktives Hinterfragen helfen, unseren Zorn zu überwinden. Was drückt sich wirklich im Geräusch eines Flugzeugs oder eines Staubsaugers aus?

Besonders schwierig mag es scheinen, Zustimmung zu vermeiden. Sowohl der Einsiedler als auch der Ritter befinden sich beide auf der Suche nach der Wahrheit in bezug auf eine bestimmte Gegebenheit, und sie werden gewiß in manchen Augenblicken die Empfindung haben, am Ziel angelangt zu sein. Dennoch tun sie gut, sich daran zu erinnern, daß auch die Wahrheit etwas Lebendiges, Vielgestaltiges ist, das nicht einfach definiert und für immer festgehalten werden kann. Im Falle von Eheproblemen zum Beispiel darf der Einsiedler nicht vergessen, daß der Ritter sich zwar müht, eine unvoreingenommene Darstellung der Ereignisse zu liefern, daß aber alles, was er sagt, bestenfalls nur ein kleiner Ausschnitt aus der gesamten Realität sein kann. Wenn der Einsiedler seiner Zustimmung irgendwann zu heftig Ausdruck verleiht, mag es geschehen, daß er in seinen Gedanken eine Sperre errichtet gegenüber Dingen, die der Ritter ihm zu einem späteren Zeitpunkt erzählt, oder aber gegenüber dem, was ihm der andere Ritter, der Ehepartner, berichten wird.

Also muß der Einsiedler sehr aufmerksam zuhören, was der Ritter zu sagen hat. Aber er muß nicht nur auf den Inhalt, sondern auch auf die Form achten. Bevor der Einsiedler die Gedanken ausspricht, zu denen er sich vielleicht veranlaßt sieht, muß er gewissermaßen eine neue Sprache erlernen, die Sprache des Ritters nämlich. In christlichen Begriffen ausgedrückt heißt das: Das Licht des Pfingstfestes muß in seine Seele scheinen. Lukas schildert, wie sich dieses Ereignis bei den Jüngern vollzog: «Alle wurden mit dem Heiligen Geist erfüllt und begannen, in fremden Sprachen zu reden, wie es der Geist ihnen eingab. Als sich das Getöse erhob, strömte die Menge zusammen und war ganz bestürzt; denn jeder hörte sie in seiner Sprache reden» (Apg. 2,4 – 6).

In der Gegenwart kann zum Beispiel die deutsche Sprache in sehr unterschiedlicher Weise benutzt werden. Der Einsiedler muß daher vermeiden, Worte zu verwenden, die für andere entweder kaum eine Bedeutung oder aber eine völlig andere Bedeutung haben. Manchmal ist es das beste, wenn er mit gleichem Wortlaut wiederholt, was der Ritter ihm berichtet hat. Dann kann er vielleicht am Klang seiner eigenen Stimme feststellen, ob das, was er sagt, für den Ritter verständlich ist. Besonders behutsam aber muß er vorgehen, wenn er sich auf Fehlverhalten oder Versäumnisse im Leben des Ritters bezieht. (Friedrich Rittelmeyer, ein Mann mit unschätzbarer Erfahrung als Ratgeber und Seelsorger, und zwar zunächst als Lutheranischer Geistlicher und dann als Priester der Christengemeinschaft, zu deren Mitbegründern und Führern er zählte, schrieb einmal dem Sinne nach, daß wir einem Mitmenschen nur jene Fehler mitteilen können, die er sich selbst einzugestehen beinahe im Begriff ist.

Zwischen den Worten des Ritters und seinem tieferen Wesen besteht jedoch möglicherweise ein Unterschied. Was er spricht, muß angehört und verstanden werden. Sowohl er als auch der Einsiedler befinden sich auf dem Weg zur Wahrheit; beide können sie aber nur teilweise erlangen und müssen auch diesen Teil immer wieder neu entdecken. Das Wesen des Ritters hingegen kann der Einsiedler voll und ganz bejahen und sogar lieben lernen. Paulus hat diese Form der Liebe wunderbar umschrieben, als er folgende Worte über die Beziehung zwischen den Aposteln und den neugegründeten christlichen Gemeinden sprach: «Wir wollen ja nicht Herren über euren Glauben sein, sondern wir sind Helfer zu eurer Freude» (2 Kor.1,24).

Durch die individuelle Beziehung zum Ritter wird es dem Einsiedler möglich, ihm zu helfen, die Hindernisse zu überwinden, die seiner Freude entgegenstehen – zum Beispiel seinen Groll, seine bittere Reue oder seine destruktive Kritik an sich selbst und seinen Mitmenschen. Er kann sogar helfen, die Freude des Ritters an den Offenbarungen Gottes in allem ringsum zu wecken, und er kann ihm den Weg zu einem Zusammengehörigkeitsgefühl mit einer positiven, tätigen Gemeinschaft weisen. Aber all das vermag der Einsiedler nur zu erreichen, wenn er in gewissem Umfang gelernt hat, die Sprache des Ritters zu sprechen und dessen wahren Namen zu verstehen. Er muß sich also ein Bild des einzigartigen persönlichen Schicksals des Ritters machen.

In *Wie erlangt man Erkenntnisse der höheren Welten?* findet sich ein langes Kapitel mit der Überschrift «Über einige Auswirkungen der Einweihung». Dort beschreibt Rudolf Steiner umfassender als irgendwo sonst in seinem Werk, wie ich meine, die Organe der übersinnlichen Wahrnehmung, die man als «Lotusblumen» oder «Chakrams» bezeichnet. In der Welt des Ostens handelt es sich dabei natürlich um ein vertrautes Thema, das auch innerhalb der theosophischen Bewegung zu der Zeit, als Rudolf Steiner seine Werke verfaßte, hinlänglich bekannt war. In besagtem Kapitel entwirft er ein detailliertes Bild der Beziehung jener Organe zur Entwicklung des Astral- und Ätherleibs im Menschen. Er zeigt auf, was deren Entfaltung fördert und was sie hemmt. Obgleich wir uns der Existenz solcher Organe gar nicht bewußt sein mögen, wirkt sich zum Beispiel die Verbreitung einer Unwahrheit so unmittelbar schädlich auf eines von ihnen aus, wie eine Hand Schaden nimmt, die in eine Flamme greift.

Rudolf Steiner spricht von sechs geistigen Sinnesorganen, «das erste zwischen den Augen, das zweite in der Nähe des Kehlkopfes, das dritte in der Gegend des Herzens, das vierte liegt in der Nachbarschaft der sogenannten Magengrube, das fünfte und sechste haben ihren Sitz im Unterleibe.»[2] Und er wendet sich in dem genannten Zusammenhang besonders ausführlich dem zweiten und dritten Organ zu.

Die Lostusblume in der Nähe des Kehlkopfes hat sechzehn Blütenblätter. Natürlich sollten wir uns diese nicht gegenständlich vorstellen wie zum Beispiel die Blütenblätter einer Rose. Sie werden vielmehr in der Art und Weise als Blütenblätter bezeichnet, wie man etwa sagt, «er lief wie ein Blitz». So wie jede bildhafte

Ausdrucksweise enthält auch der Vergleich mit den Blütenblättern ein Moment der Wahrheit. Acht der sechzehn Blütenblätter wurden in ferner Vergangenheit ausgebildet und treten wieder von selbst auf, wenn die übrigen acht in der richtigen Weise entwickelt werden. Die einzelnen Schritte zu ihrer Entwicklung stimmen mit den Anweisungen des achtgliedrigen Pfads, den Gautama Buddha gelehrt hat, überein. Es ist dies der Weg, auf dem die menschliche Seele Frieden findet, und er setzt sich aus dem Bilden der richtigen Meinung, des richtigen Urteils, der richtigen Rede, der richtigen Tat, der richtigen Lebensweise, des richtigen Strebens, des richtigen Gedächtnisses und der richtigen Beschaulichkeit zusammen. (In anderem Zusammenhang erhalten die vorgenannten Glieder des Pfads auch andere Bezeichnungen.) In einer Hinsicht besteht heute keine große Notwendigkeit, den Menschen die einzelnen Teile des Pfads nahezubringen; wir alle kennen sie bereits tief in unserem Innern. Denn der Buddha wirkt über Jahrhunderte hinweg, und zwar nicht nur für die Anhänger des Buddhismus, sondern für die gesamte Menschheit. Seine Inspiration drang in das Lukasevangelium ein, und seine Impulse wirkten im Leben des Hl. Franziskus von Assisi.

Die Gralslegende wurde etwa gegen Ende des 12. Jahrhunderts bekannt. Zuvor war ungefähr dreieinhalb Jahrhunderte lang der Erzengel Raphael inspirierender Geist der menschlichen Zivilisation gewesen – jener Erzengel also, der die heilenden Impulse des Merkurs vermittelt. Merkur aber steht, wie schon

H. P. Blavatsky festgestellt hat, hinter dem Buddha. Von Raphael ging die Führung auf den Erzengel des Mars, Samael, über, und damit trat Europa in eine Zeit verheerender innerer Kriege ein. Die Gralslegende wird in Europa als Impuls bekannt, der den Konflikt aufzuheben vermag; in ihr wird der Ritter zum Helfer und Beschützer und ist nicht mehr jemand, der den Konflikt um seiner selbst willen sucht. Parzival ist zum König des Grals, jener Quelle der Milde und des Mitleids ohne Grenzen, bestimmt, und der Einsiedler entdeckt in ihm die Sehnsucht, dem achtgliedrigen Pfad zu folgen.

Heute bringt jede Generation immer stärkere Impulse in Richtung von Gewaltlosigkeit und Mitleid mit sich, die vor dem Eintritt in die irdische Verkörperung von Buddha angeregt worden sind. Denn der Buddha wirkt gegenwärtig nicht direkt auf der Erde, sondern seit dem frühen 17. Jahrhundert aus dem Reich des Mars. Wir bringen in unser irdisches Leben den Ansporn ein, unser Wirken zu einem Ausdruck des Mitleids und einem Mittel der Heilung zu machen. Als Rudolf Steiner seinen Schülern vorschlug, sich für jeden Wochentag eine der Übungen des achtgliedrigen Pfads vorzunehmen, ordnete er die richtige Lebensführung dem Mittwoch zu, dem Tag des Merkurs. Unzählige Menschen sehen es heute als großes Problem an, ihre Arbeit – oder auch ihre Arbeitslosigkeit – so zu gestalten, daß daraus eine heilende Wirkung für sie selbst oder für andere erwächst, und es geschieht nicht selten, daß jemand in bezug auf seine

Arbeit von einer aggressiven Stimmung – von Aggressionen den Arbeitgebern und Konkurrenten oder aber den lebendigen Geschöpfen der Natur gegenüber – ergriffen wird. In *Wie erlangt man Erkenntnisse der höheren Welten?* gibt es offenbar nur wenige Äußerungen, die sich direkt auf dieses Thema beziehen, und auch das, was Rudolf Steiner im Hinblick auf die Entwicklung der sechzehnblättrigen Lotusblume schreibt, ist sehr kurz und scheint überdies zu allgemein, um für die Praxis hilfreich zu sein. Steiner beginnt mit den Worten: «Der Geheimschüler versucht natur- und geistgemäß zu leben. Er überhastet nichts und ist nicht träge.» Der gesamte nachfolgende Abschnitt hört sich an, als sei er an Menschen gerichtet, die einer Gesellschaft angehören, in der die Möglichkeit zu einer derartigen Lebensweise gegeben ist. Aber es ist wichtig, im Auge zu behalten, an welcher Stelle diese Anforderung im achtgliedrigen Pfad auftritt und welchen Stellenwert sie im gesamten Buch innehat. Zuerst müssen wir nämlich die Anweisungen bezüglich der richtigen Meinung, der richtigen Entschlüsse, der richtigen Rede und der richtigen Tat befolgen. Für die Praxis ergibt sich daraus, daß Schwierigkeiten in diesen Bereichen fast immer bis zu einem gewissen Grad behoben sein müssen, bevor die richtige Lebensführung eingeübt werden kann. Denn hinter den einfach klingenden Begriffen verbirgt sich etwas von weitreichender Bedeutung: Es geht um den rechten Dienst an der Entwicklung der Menschheit und der Erde, bei dem immer ein Ausgleich zwischen der Idealvorstellung und dem Machbaren gefunden werden muß. Im vorangehenden Kapitel «Die Bedingungen zur Geheimschulung» schildert Rudolf Steiner dies in folgenden wunderbaren Worten:

«Wer sich nur als ein Produkt der Außenwelt ansieht, als ein Ergebnis der physischen Welt, kann es in der Geheimschulung zu nichts bringen. Sich als seelisch-geistiges Wesen fühlen ist eine Grundlage für solche Schulung. Wer zu solchem Gefühle vordringt, der ist dann geeignet zu unterscheiden zwischen innerer Verpflichtung und dem äußeren Erfolge. Er lernt erkennen, daß das eine nicht unmittelbar an dem anderen gemessen werden kann. Der Geheimschüler muß die rechte Mitte finden zwischen dem, was die äußeren Bedingungen vorschreiben, und dem, was er als das Richtige für sein Verhalten erkennt. Er soll nicht seiner Umgebung etwas aufdrängen, wofür diese kein Verständnis haben kann; aber er soll auch ganz frei sein von der Sucht, nur das zu tun, was von dieser Umgebung anerkannt werden kann. Die Anerkennung für seine Wahrheiten muß er einzig und allein in der Stimme seiner ehrlichen, nach Erkenntnis ringenden Seele suchen. Aber *lernen* soll er von seiner Umgebung, soviel er nur irgend kann, um herauszufinden, was ihr frommt und nützlich ist. So wird er in sich selbst das entwickeln, was man in der Geheimwissenschaft die ‹geistige Waage› nennt. Auf einer ihrer Waageschalen liegt ein ‹offenes Herz› für die Bedürfnisse der Außenwelt, auf der anderen ‹innere Festigkeit und unerschütterliche Ausdauer›.»[3]

Natürlich kann der Einsiedler dem Ritter nicht einfach vorschreiben, wie in seinem speziellen Fall die geistige Waage entwickelt werden kann (auch wenn das manchmal von ihm erwartet wird). Aber die Stimmung von Harmonie kann während des gesamten Gesprächs zugegen sein, denn der Ritter sehnt sich tief in seinem Innern danach, seine Arbeit in Einklang mit den Absichten seines eigenen Geistes und den Bedürfnissen seiner Umwelt zu bringen.

Es gibt ein Wesen, das dafür ein sehr viel größeres Verständnis als der Einsiedler oder der Ritter hat. Der Schutzengel des Ritters besitzt ein überaus feines Gespür sowohl für die praktischen Möglichkeiten als auch die unverrückbaren Ziele, die miteinander versöhnt werden müssen. Er merkt sofort, wenn der Ritter versucht, seiner Umwelt etwas aufzudrängen, das ihr fremd ist, oder wenn er den einen oder anderen seiner tiefsten Entschlüsse mißachtet. Die Engel nehmen an jedem Schritt auf dem achtgliedrigen Pfad regen Anteil und stehen meist hilfreich zur Seite, ganz gleich ob der Ritter oder der Einsiedler dies ahnen oder nicht. Sie schauen auf die Worte der Menschen, so wie wir etwa eine Landschaft betrachten, und sie sind glücklich, wenn diese fruchtbar ist, und betrübt, wenn sie verwüstet und leer ist. Die Menschen geben oft wenig darauf acht, ob die Worte, die sie benutzen, verständlich sind oder nicht; die Engel hingegen sind zutiefst auf jedes einzelne gesprochene Wort bedacht, und sie achten auch auf die Unterschiede, die sie im Klang der Worte vernehmen. Ihr Interesse bezieht sich aber nicht auf den Menschen allein, sondern auch auf sämtliche Beziehungen, die zwischen ihm und seiner Umwelt bestehen. Wenn der Einsiedler irgend etwas sagt, das sich möglicherweise irgendwann als nützlich erweisen wird, so kann er sicher sein, daß der Schutzengel des Ritters diese Worte in Erinnerung behält und sie ihm später vielleicht ins Gedächtnis rufen wird.

Kurz nach seiner Schilderung des achtgliedrigen Pfads erwähnt Rudolf Steiner sechs Eigenschaften, die für die richtige Ausbildung der zwölfblättrigen Lotusblume in der Herzgegend erforderlich sind: Gedankenkontrolle, Kontrolle der Handlungen, Beharrlichkeit, Duldsamkeit, Glaube und Gleichmut. Es ist nicht immer einfach, ihre Verbindung zum achtgliedrigen Pfad zu erkennen. Bei der Suche nach der richtigen Meinung zum Beispiel sind wir mit dem *Inhalt* unserer Vorstellungen beschäftigt, mit ihrer Genauigkeit oder Ungenauigkeit etwa; die Gedankenkontrolle hingegen bezieht sich auf den Verlauf, den unsere Gedanken tatsächlich nehmen, d. h. auf die Bedeutung jedes einzelnen Gedankenschritts für den vorhergehenden oder den nachfolgenden. Wir versagen in der Kontrolle unserer Gedanken, wenn wir willkürlich von Thema zu Thema springen, ohne zu wissen warum, oder wenn wir uns daran begeben, ein Problem zu lösen, und entdecken wenige Augenblicke später, daß wir eigentlich an das denken, was wir zu Mittag essen wollen. Ebenso bezieht sich die im achtgliedrigen Pfad geforderte richtige Tat auf das Wesen unseres Tuns, das frei von Aggressionen oder übermächtigen Neigungen sein soll; die Kontrolle unserer Handlungen und die Beharrlichkeit (Ausdauer) dagegen zielen auf die Beständigkeit und Folgerichtigkeit dessen, was wir tun. In diesem Zusammenhang scheint besonders erwähnenswert, was sich hinter den Begriffen Duldsamkeit und Glaube verbirgt:

«Das vierte ist die Duldsamkeit (Toleranz) gegenüber Menschen, anderen Wesen und auch Tatsachen. Der Geheimschüler unterdrückt alle überflüssige Kritik gegenüber dem Unvollkommenen, Bösen und Schlechten und sucht vielmehr alles zu begreifen, was an ihn herantritt. Wie die Sonne ihr Licht nicht dem Schlechten und Bösen entzieht, so er nicht seine verständnisvolle Anteilnahme. Begegnet dem Geheimschüler irgendein Ungemach, so ergeht er sich nicht in abfälligen Urteilen, sondern er nimmt das Notwendige hin und sucht, soweit seine Kraft reicht, die Sache zum Guten zu wenden. Andere Meinungen betrachtet er nicht nur von seinem Standpunkte aus, sondern er sucht sich in die Lage des anderen zu versetzen. – Das fünfte ist die Unbefangenheit gegenüber den Erscheinungen des Lebens. Man spricht in dieser Beziehung auch von dem ‹Glauben› oder ‹Vertrauen›. Der Geheimschüler tritt jedem Menschen, jedem Wesen mit diesem Vertrauen entgegen. Und er erfüllt sich bei seinen Handlungen mit solchem Vertrauen. Er sagt sich nie, wenn ihm etwas mitgeteilt wird: das glaube ich nicht, weil es meiner bisherigen Meinung widerspricht. Er ist vielmehr in jedem Augenblicke bereit, seine Meinung und Ansicht an einer neuen zu prüfen und zu berichtigen. Er bleibt immer empfänglich für alles, was an ihn herantritt. Und er vertraut auf die Wirksamkeit dessen, was er unternimmt. Zaghaftigkeit und Zweifelsucht verbannt er aus seinem Wesen. Hat er eine Absicht, so hat er auch den Glauben an die Kraft dieser Absicht. Hundert Mißerfolge können ihm diesen Glauben nicht nehmen. Es ist dies jener ‹Glaube, der Berge zu versetzen vermag›.»[4]

Bei der sechsten Eigenschaft schließlich handelt es sich um den Gleichmut, um die Herrschaft über extreme Gefühlslagen wie begeisterte Freude oder äußerste Verzweiflung.

Ist es nun möglich, die Quintessenz aller sechs Eigenschaften in einem einzigen Begriff zusammenzufassen? Rudolf Steiners eigene Worte im Anschluß an ihre Darstellung legen nahe, daß sie zusammen einen neuen Begriff ergeben, doch er bezeichnet ihn nicht näher. Allen genannten Eigenschaften ist gemeinsam, daß sie dem Herzen hilfreich sind, und zwar auch dem physischen Herz; ihr Gegenteil jedoch setzt es stets unter Druck. In der Erläuterung der vierten Eigenschaft findet sich ein Schlüssel zu ihrer Gesamtbedeutung: Es wird auf die Sonne hingewiesen, die in ihrer Großmut ihr Licht auch über dem Bösen ausbreitet. Die Sonne ist über viele Jahrhunderte hinweg als Entsprechung des menschlichen Herzens betrachtet worden. Und wie ist ein Herz, das wirklich der Sonne gleicht? Es ist von Liebe erfüllt, und Liebe ist hier in der umfassenden Bedeutung gemeint, in der insbesondere Johannes der Evangelist dieses Wort verwendet. Im Ersten Brief des Johannes lesen wir beispielsweise von der «vollkommenen Liebe, die die Furcht vertreibt». Und mehr noch: Die Worte, die Rudolf Steiner für seine Schilderung der vierten Eigenschaft wählt, ähneln denen, die uns in der Bergpredigt begegnen: «Ich aber sage euch: Liebt eure Feinde und betet für die, die euch verfolgen, damit ihr Söhne eures Vaters im Himmel werdet; denn er läßt seine Sonne aufgehen über Bösen und Guten, und er läßt regnen über Gerechte und Ungerechte» (Matth. 5,44f.).

Liebe in diesem Sinne ist nicht nur eine Sache des Gefühls; denn nur durch den Gebrauch all seiner Fähigkeiten wird es dem Menschen allmählich möglich, wie die Sonne zu erstrahlen oder so erfrischend zu sein wie der Regen für die Erde. Es mag schwierig sein zu begreifen, daß die Kontrolle der Gedanken ein Teil der Liebe ist und daß der wahre Grund dafür, daß unsere Gedanken abschweifen, darin besteht, daß wir uns dem Gegenstand unseres Denkens nicht mit einem ausreichenden Maß an Liebe zuwenden. Und doch liegt auch der Unbeständigkeit unseres Tuns ein Mangel an Liebe zugrunde. Sowohl in der begeisterten Freude als auch in der äußersten Verzweiflung haben wir zu lieben vergessen.

Jedes Gespräch zwischen Einsiedler und Ritter wird auf die eine oder andere Weise zu diesem Ziel führen. So wie der Mars Züge des Merkurs annimmt, wird die Erde seit dem Mysterium von Golgatha zur Sonne, und selbst ein vollkommenes Gespräch, in dem der

Name Christi nie Erwähnung findet, vermag stets eine Gestalt anzunehmen, die vor dem Mysterium von Golgatha nicht möglich gewesen wäre.

An späterer ernster Stelle nennt Rudolf Steiner «vier Eigenschaften, welche sich der Mensch auf dem sogenannten Prüfungspfade erwerben muß, um zu höherer Erkenntnis aufzusteigen.» Ihre Aufzählung mutet in gewisser Weise verwirrend an:

«Es ist die *erste* davon die Fähigkeit, in den Gedanken das Wahre von der Erscheinung zu scheiden, die Wahrheit von der bloßen Meinung. Die *zweite* Eigenschaft ist die richtige Schätzung des Wahren und Wirklichen gegenüber der Erscheinung. Die *dritte* Fähigkeit besteht in der Ausübung der sechs Eigenschaften: Gedankenkontrolle, Kontrolle der Handlungen, Beharrlichkeit, Duldsamkeit, Glaube und Gleichmut. Die *vierte* ist die Liebe zur inneren Freiheit.»[6]

Wenn es richtig ist, die sechs Eigenschaften, die für die Ausbildung der zwölfblättrigen Lotusblume nötig sind, als eine Einheit zu bezeichnen, die in ihrer Gesamtheit die Fähigkeit zu lieben darstellt, dann kann «die Liebe zur inneren Freiheit» als ein besonderer Bestandteil der Seele, als eine besondere Art von Liebe gelten. Besteht also die Möglichkeit, daß durch die weise, vollkommene Liebe für die Menschen eine weitere Form der Liebe entsteht, die auf eine geistige Kraft gerichtet ist, die uns innewohnen kann – auf jenes Wesen nämlich, das traditionell als der Heilige Geist, der Tröster, bezeichnet wird? Der Erwerb der inneren Freiheit hängt davon ab, daß wir über die uns einengenden Grenzen hinaus wachsen, über jene Grenzen beispielsweise, die uns durch unseren speziellen Platz innerhalb der menschlichen Gesellschaft, unsere Nationalität und unsere soziale Stellung auferlegt sind.

Wenn wir die vier genannten Schritte auf dem Prüfungspfad im Zusammenhang mit dem Werk von Ritter und Einsiedler betrachten, so zeigt sich, daß auch dort auf das Streben nach der Unterscheidung zwischen Schein und Sein eine «Schätzung» des Wahren folgt. Doch was heißt das eigentlich? Der Wert einer Sache läßt sich an dem abmessen, was jemand, der gesundes Urteilsvermögen besitzt, dafür zu geben bereit ist. Im Matthäusevangelium begegnen wir dem Mann, der bereit ist, seine gesamte Habe zu verkaufen, um eine einzige Perle zu erwerben. Sollte der Wert der Wahrheit etwa geringer sein? Auf die Evangelien des Neuen Testaments folgen die Briefe der Apostel, jener Menschen, die bereit gewesen sind, in Erwiderung der Wahrheit, die ihnen zuteil geworden ist, ihr Leben herzugeben und den Märtyrertod zu erleiden. Ihr Tun ermöglichte die Gründung neuer, von positiver Liebe erfüllter Gemeinden, die allen Menschen offenstehen und in denen der Geist der Freiheit zu leben und zu wachsen vermag.

Auf die völlige Achtung der Freiheit des anderen eingestimmt, können Ritter und Einsiedler auseinandergehen. Doch das Gespräch zwischen ihnen bleibt unvollständig, wenn es nicht einen Weg aufgezeigt hat, der den Ritter in eine Gemeinschaft zu führen vermag, in der er König unter Königen sein wird.

Anmerkungen

Zu Kapitel 1
Autofahren und Charakter

1 Vgl. H. J. Eysenck, *Fact and Fiction in Psychology*, Harmondsworth: Penguin, 1966 (Kapitel 6).
2 Vgl. Cresswell/Froggatt, *The Causation of Bus-Driver Accidents*, London 1963. Es spielt vermutlich eine wichtige Rolle, daß sich diese Untersuchung auf Busfahrer bezieht.
3 Vgl. S. W. Quenault, *Driver Behaviour – Safe and Unsafe Drivers*, Crowthorne 1967.
4 Rudolf Steiner, *Anweisungen für eine esoterische Schulung*, Dornach 1979 (GA Bibl.-Nr. 245), S. 27.
5 Ebd., S. 28.
6 Rudolf Steiner, *Wie erlangt man Erkenntnisse der höheren Welten?*, Dornach 1982 (GA Bibl.-Nr. 10), S. 120.
7 Ebd., S. 121.
8 Vgl. Bühler/Peipers, «Selbsterziehung am Steuer», in: *Soziale Hygiene. Seelisch-geistige Selbsthilfe im Zeitalter der Lebenskränkung*, 3. Aufl. Stuttgart: Freies Geistesleben, 1981 S. 46 – 59.
9 Vgl. Rudolf Steiner, *Welche Bedeutung hat die okkulte Entwicklung des Menschen für seine Hüllen (physischer Leib, Ätherleib, Astralleib) und sein Selbst?*, Dornach 1976 (GA Bibl.-Nr. 145), 1. Vortrag.
10 Vgl. F. W. Zeylmans van Emmichoven, *Der Grundstein*, 6. Aufl. Stuttgart: Freies Geistesleben 1990.

Zu Kapitel 2
Reden in der Familie

1 Rudolf Steiner, *Anweisungen für eine esoterische Schulung*, Dornach 1979 (GA Bibl.-Nr. 245), S. 28.
2 Vgl. Rudolf Steiner, *Kunst im Lichte der Mysterienweisheit*, Dornach 2. Aufl. 1980 (GA Bibl.-Nr. 275), Vortrag vom 2. Feb. 1915.
3 Günter Clauser, *Die vorgeburtliche Entstehung der Sprache als anthropologisches Problem*, Stuttgart: Ferdinand Enke, 1971.
4 Zit. nach: Ronald D. Laing, *Das Selbst und die Anderen*, übers. von Hans Hermann, Reinbek b. Hamburg: Rowohlt, 1977, S. 76.
5 John und Elizabeth Newson, *Four Years Old in an Urban Community*, Nachdr. London: Pelican, 1970, S. 304.
6 Vgl. Rudolf Steiner, «Die Wiedergewinnung des lebendigen Sprachquells durch den Christus-Impuls», in: R. S., *Die menschliche Seele im Zusammmenhang mit göttlich-geistigen Individualitäten. Die Verinnerlichung der Jahresfeste*, 2. Aufl. Dornach 1983 (GA Bibl.-Nr. 224).
7 Über die geistigen Widersachermächte, Luzifer und Ahriman, hat Rudolf Steiner in vielen seiner Bücher und Vorträge gesprochen, Grundsätzliches insbesondere in seiner *Geheimwissenschaft im Umriß* (GA Bibl.-Nr. 13) und in dem Aufsatz «Luziferisches und Ahrimanisches in ihrem Verhältnis zum Menschen», in: *Philosophie und Anthroposophie.* Gesammelte Aufsätze 1904 – 1918 (GA Bibl.-Nr. 35).
8 Rudolf Steiner, *Gebete für Mütter und Kinder*, 5. Aufl. Dornach 1980, S. 40.
9 Vgl. W. Chr. Simonis, *Genuß aus dem Gift?* Herkunft und Wirkung von Kaffee, Tee, Tabak, Alkohol und Haschisch, 4. Aufl. Stuttgart: Freies Geistesleben 1984.
10 J. und E. Newson, *Four Years Old*, S. 515.

11 William Shakespeare, *Der Sturm*, übers. von Erich Fried, Berlin: Klaus Wagenbach 1984, S. 96f.

12 Rudolf Steiner, *Anweisungen für eine esoterische Schulung*, Dornach 1979 (GA Bibl.-Nr. 245), S. 137.

Zu Kapitel 3
Alter und Schicksal

1 Rudolf Steiner, *Das Lukas-Evangelium.* Zehn Vorträge Basel 1909, 8. Aufl. Dornach 1985 (GA Bibl.-Nr. 114).

2 Rudolf Steiner, *Anweisungen für eine esoterische Schulung*, 5. Aufl. Dornach 1979 (GA Bibl.-Nr. 245).

3 Dieses Problem wird ausführlich dargestellt in Christmas Humphreys, *Buddhism*, Harmondsworth: Penguin, 1951, S. 85 - 89.

4 Zit. nach: *Dhammapada. Die älteste buddhistische Spruchsammlung der Welt*, übers. von Paul Dahlke, Heidelberg: Arkana-Verlag, 1970, S. 76, Z. 380f.

5 «Eine wirkliche seherische Selbsterkenntnis führt *für den gegenwärtigen Menschen* dahin, einzusehen, daß in der Menschenseele Kräfte gefunden werden können, welche von diesem Christus ausgehen.» Daher bedeutet die dienende Hinwendung an diese Kräfte keine Selbstaufgabe der menschlichen Individualität, sondern umgekehrt eine Verstärkung der dieser Individualität zugrundeliegenden Entwicklungskräfte. Grundlegendes hierzu findet sich bei Rudolf Steiner in: *Die geistige Führung des Menschen und der Menschheit.* Geisteswissenschaftliche Ergebnisse über die Menschheitsentwicklung, 10. Aufl. Dornach 1987 (GA Bibl.-Nr. 15), woraus das hier angeführte Zitat entnommen ist.

6 Rudolf Steiner, *Das Goetheanum*, 9. März 1924. Nachdruck in: R. S., *Die Erkenntnis der Aufgabe der Jugend*, Dornach 1981 (GA Bibl-Nr. 217a), S. 121.

7 Siehe z.B. seine Vortragsreihe *Die Offenbarungen des Karma*,

Elf Vorträge Hamburg 1910, 7. Aufl. Dornach 1975 (GA Bibl.-Nr. 120).

8 Eine handliche Einführung in die Forschungsergebnisse Rudolf Steiners über das Leben nach dem Tod bietet die von Frank Teichmann herausgegebene Zusammenstellung: Rudolf Steiner, *Das Leben nach dem Tod* (Themen aus dem Gesamtwerk, Bd. 15), Stuttgart : Freies Geistesleben1987.

9 Samuel Johnson (1709 – 1784); englischer Gelehrter und Schriftsteller. Sein Freund James Boswell schrieb die berühmteste Biographie des englischen Sprachraums: *The Life of Samuel Johnson,*.

10 Rudolf Steiner, *Das Initiaten-Bewußtsein. Die wahren und die falschen Wege der geistigen Forschung.* Elf Vorträge Torquay 1924, 4. Aufl. Dornach 1983 (GA Bibl.-Nr. 243) und *Esoterische Betrachtungen karmischer Zusammenhänge,* 6 Bände, Dornach (GA Bibl.-Nr. 235 – 240).

11 Zum Wirken des Erzengels Michael und seiner Stellung zum Christus siehe Rudolf Steiner: *Die Sendung Michaels.* Die Offenbarung der eigentlichen Geheimnisse des Menschenwesens. Zwölf Vorträge Dornach 1919, 3. Aufl. Dornach 1983 (GA Bibl.-Nr. 194) und «Das Michael-Christus-Erlebnis des Menschen» in: *Anthroposophische Leitsätze.* Der Erkenntnisweg der Anthroposophie und Das Michael-Mysterium, 8. Aufl. Dornach 1982 (GA Bibl.-Nr. 26).

Zu Kapitel 4
Lebensberatung und geistige Entwicklung

1 Rudolf Steiner, *Wie erlangt man Erkenntnisse der höheren Welten?* Dornach 1982 (GA Bibl.-Nr. 10), S. 50f.

2 Ebd., S. 117.

3 Ebd., S. 108.

4 Ebd., S. 128f.

5 Ebd., S. 145f.

In der Lösung von Rätseln, die uns die eigene Seele aufgibt,
entfaltet sich das Geheimnis der menschlichen Freiheit.

1
Einsamkeit
von Adam Bittleston

2
Vom Engel berührt
Schicksalsbegebenheiten
erzählt von Dan Lindholm

3
Weihnachten
Die drei Geburten des Menschen
von Georg Kühlewind

4
Lebenskrisen
Zwölf Schritte zu ihrer Bewältigung
von Julian Sleigh

5
Meditation und Christus-Erfahrung
Wege zur Verwandlung des eigenen Lebens
von Jörgen Smit

VERLAG FREIES GEISTESLEBEN